I0052435

THÈSE

PRÉSENTÉE

A LA FACULTÉ DE DROIT DE TOULOUSE

POUR OBTENIR LE GRADE

DE DOCTEUR EN DROIT,

PAR

M. Fr. GRIFFE, Avocat.

TOULOUSE,
IMPRIMERIE DE A. CHAUVIN,
RUE MIREPOIX, 3.

1864.

THÈSE

POUR

OBTENIR LE GRADE DE DOCTEUR EN DROIT.

THÈSE

PRÉSENTÉE

A LA FACULTÉ DE DROIT DE TOULOUSE

POUR OBTENIR LE GRADE

DE DOCTEUR EN DROIT,

PAR

M. **Fr. GRIFFE**, Avocat.

———

TOULOUSE,
IMPRIMERIE DE A. CHAUVIN,
RUE MIREPOIX, 3.

—

1854.

L'héritier sien et nécessaire qui s'abstient de la succession de son auteur peut retenir les donations qu'il en a reçues jusqu'à concurrence de la portion disponible et de sa part de légitime.

(*Diss. de Droit romain.*)

L'héritier qui renonce à la succession de son auteur ne peut retenir les dons en avancement d'hoirie qu'il a reçus que jusqu'à concurrence de la portion disponible ; il n'a aucun droit sur la réserve.

(*Diss. de Droit français.*)

Lorsqu'un héritier présomptif a reçu de son auteur un don en avancement d'hoirie, et qu'il n'a point accepté la succession du donateur, que peut-il retenir sur la libéralité qui lui a été faite ? Telle est la question unique que je me propose de discuter et de résoudre, sous l'empire des trois législations, romaine, coutumière et française. Le droit romain la résout par des textes formels. En droit coutumier, la solution même ne faisait pas l'objet de la moindre difficulté, mais des dissidences assez graves s'étaient élevées sur les motifs de décision. Enfin, c'est l'une des difficultés les plus ardues, auxquelles ait donné lieu l'application de notre Code moderne.

Voici tantôt un demi siècle que le débat le plus ardent s'est élevé sur cette difficile question, et rien ne présage encore qu'il soit près de toucher à sa fin. Trois ou quatre solutions contraires ont été proposées tour-à-tour, et soutenues par des théories plus nombreuses et plus contradictoires encore. Des jurisconsultes distingués sont tombés en dissidence à ce sujet avec la majorité des auteurs; la jurisprudence est encore plus divisée que la doctrine ; enfin, plusieurs Cours d'appel et la Cour suprême elle-même ont rendu à cet égard des décisions contradictoires.

Cette discussion a pris, dès les premiers jours, les proportions les plus vastes. Les adversaires qui l'ont agitée ne se sont pas contentés de puiser dans le texte de la loi les arguments qu'ils présentaient à l'appui de leurs opinions. Ils en ont demandé encore aux considérations générales qui ont dû guider le législateur, aux travaux préparatoires, plus ou moins bien interprétés, et surtout aux théories des anciennes législations sur cette matière.

Mes deux dissertations sur le droit romain et sur le droit coulumier, que j'ai rédigées, la première, pour me conformer aux règlements, la seconde, afin de traiter dans toute son étendue le sujet proposé, me permettront de suivre, avec facilité et sûreté, la doctrine et la jurisprudence sur le terrain qu'elles ont choisi. L'exposition complète des théories des anciennes législations me paraît indispensable pour atteindre ce résultat. Il ne suffit pas, en effet, de connaître une décision pour en comprendre la valeur et la portée. D'autre part, celui qui étudie, par accident seulement, et pour le besoin de sa cause, une théorie d'une législation qui ne lui est pas familière, court le risque de se méprendre, et sur ses principes essentiels, et sur les conséquences qui peuvent en être légitimement déduites. Enfin les observations, qu'il est obligé d'avancer sans pouvoir les justifier suffisamment, ne détruisent point le doute dans l'esprit du lecteur.

Je ne puis me dissimuler toute la témérité qu'il y a, pour ma faiblesse, à oser aborder la discussion d'une question que tant de jurisconsultes illustres ont déjà traitée, et à l'occasion de laquelle ont eu lieu tant de luttes brillantes, quoique infructueuses. Pourrais-je croire avoir signalé quelque aperçu, ou invoqué quelques arguments nouveaux. Puis-je même espérer avoir fidèlement reproduit toutes les considérations sérieuses qu'ont fait valoir tour-à-tour les différents partis ? Ce n'est pas moi qui puis décider ici ces différentes questions.

Je regrette de présenter encore à mes honorables professeurs une théorie qu'ils condamnent, pour la plupart. Convaincu, après un mûr examen, qu'en elle seulement se trouvait la vérité, je me suis souvenu que la première vertu de l'interprète des lois était l'indépendance. A ce titre du moins, je crois avoir suivi à la fois leur précepte et leur exemple.

DROIT ROMAIN.

*L'héritier sien et nécessaire, qui s'abstient de la succession,
peut conserver sur la donation entre-vifs qu'il a recue
de son auteur, et la portion disponible, et sa part de
légitime cumulées.*

Quand un héritier sien et nécessaire a reçu de son
auteur une donation entre-vifs, et qu'il s'abstient de la
succession du donateur, qui lui est dévolue, soit *ab
intestat*, soit par testament, peut-il conserver le don
qu'il a reçu, ou bien est-il obligé d'en faire le rapport
à la masse de l'hérédité à laquelle il refuse de prendre
part? S'il n'est point obligé de faire ce rapport, peut-il
conserver en entier les libéralités qu'il a reçues, ou
bien est-il tenu de subir une réduction? Enfin, si cette
réduction est nécessaire, jusques à quelle limite peut-
elle s'étendre? Telles sont les questions qui vont faire
le sujet de cette dissertation.

Notre premier devoir, dans l'étude historique à
laquelle nous allons nous livrer, c'est de rechercher à
quelle époque ces questions ont pu se présenter dans
la législation romaine. Pour cela, nous devrons déter-

miner à quelle époque les enfants restés en puissance ont pu recevoir de leur père des libéralités entre-vifs; quand, et sous l'empire de quelles nécessités, le rapport a pris naissance dans le droit romain, quelles transformations cette institution a subies, et enfin quelles libéralités y ont été soumises. Ces recherches nous conduiront naturellement à l'examen de la première question spéciale que nous avons posée.

Les autres questions se trouvent expressément résolues par le texte de la novelle 92. Il résulte de cette disposition législative, que l'héritier qui s'abstient peut conserver, des libéralités qu'il a reçues de son auteur, tout ce qui n'est pas nécessaire pour fournir la légitime aux autres enfants du donateur. Pour bien apprécier la portée et les motifs de cette décision, nous devrons rechercher quelles furent l'origine et la nature de la légitime en droit romain.

La légitime romaine et les théories qui s'y référaient furent admises, sans modification aucune, dans nos pays de droit écrit. Nos pays coutumiers eux-mêmes admirent plus tard la légitime; mais ce ne fut point sans introduire des changements assez graves dans les théories romaines sur cette matière. Nous aurons à examiner si ces innovations n'ont pas porté atteinte aux solutions que nous aura fournies le droit romain. Mais comme certains principes du droit coutumier ont fait sentir leur influence dans ces théories romaines, nous ne présenterons les développements relatifs à cette difficulté que dans notre dissertation de droit coutumier.

Comme les théories que nous avons à développer ont trouvé leur source et leur raison d'être dans la constitution toute spéciale de la famille et le principe fondamental des successions en droit romain, nous commencerons par jeter un coup-d'œil rapide sur ces matières, afin de nous en former une juste idée.

§ 1er — *De la constitution de la famille, et du principe fondamental du droit de succession dans la législation romaine primitive.*

Le droit romain primitif, tel qu'il se trouvait consacré par la loi célèbre des Douze-Tables, présentait deux caractères d'une singularité remarquable. Et d'abord, ses dispositions principales n'étaient point conformes à la nature même des choses, et se trouvaient parfois en opposition directe avec les principes qui résultent du droit naturel. En outre, les institutions civiles n'étaient point fondées sur l'idée qui servait de base aux institutions politiques. Dans celles-ci avait prévalu le principe de liberté le plus étendu, tandis que dans les premières prédominait le principe d'autorité le plus strict et le plus absolu. Nous pourrions signaler l'existence de ces deux caractères remarquables dans toutes les parties de la législation romaine primitive, mais dans aucune d'une manière aussi frappante que dans la constitution de la famille.

Dans la famille romaine, le père est le souverain maître et seigneur des personnes qui en font partie, et des biens qui en composent le patrimoine.

Le père exerce sur ses enfants et descendants par les mâles la domination la plus absolue. Il peut les garder sous sa puissance jusqu'à sa mort, si tel est son plaisir; il peut les émanciper ou les donner en adoption, par le seul effet de sa volonté toute puissante. Son droit de correction s'étend jusqu'au droit de vie et de mort inclusivement.

Le père est seul propriétaire des biens de la famille, même de ceux que les personnes soumises à sa puissance ont acquis par leur travail, ou dont les a gratifiés la libéralité des étrangers. Le père seul est une personne civile, ayant le droit de transiger ou de contracter; les individus soumis à sa puissance n'ont pas de personnalité civile qui leur soit propre, et sont incapables d'acquérir, de s'obliger et d'obliger les tiers à leur égard. Si la loi leur permet quelquefois de contracter, ce n'est qu'en les revêtant par fiction de la personne du père de famille, et celui-ci profite seul de la transaction qu'il est censé avoir opéré par leur intermédiaire.

La mère n'est revêtue d'aucune autorité légale sur ses enfants. Tantôt elle reste, en se mariant, soumise à la puissance de son père, et dans ce cas elle est complètement étrangère à la famille de son mari; tantôt elle passe sous la puissance de ce dernier, et alors elle se trouve au rang de ses propres enfants, soumise comme leur sœur à la domination du père de famille. La femme pourra bien être, quel que soit son âge d'ailleurs, le chef d'une famille, mais elle en sera toujours le seul et unique membre.

C'est à peine si la loi reconnaît les liens de parenté qu'engendre la nature, et leur laisse quelques effets relativement aux prohibitions du mariage. Tous les effets de la parenté sont accordés à la parenté civile, bien différente de la première. Sont unies par les liens de la parenté civile les personnes qui le sont par les liens de la puissance paternelle. L'on considère comme liés par la puissance paternelle ceux-là seulement qui sont soumis à la puissance l'un de l'autre ou à celle d'une même personne, ou se trouveraient dans cet état, si leur vie ou celle de tel ascendant commun se fût suffisamment prolongée.

Contrastes singuliers et frappants !

La mère n'est souvent unie à ses enfants par aucun lien de parenté civile, et si elle se trouve leur parente, ce n'est qu'à titre de sœur. La fille passée sous la puissance de son mari, le fils émancipé ou donné en adoption deviennent complètement étrangers à leur père et à leurs frères ; tandis que les enfants entrés dans une famille étrangère, par voie de mariage ou d'adoption, deviennent les agnats de tous ses membres, et acquièrent tous les droits que confère la parenté civile, à l'égal des enfants naturels.

Le fils de famille est soumis dans sa maison à l'autorité la plus absolue ; mais, dans la cité, il peut prendre part au gouvernement de l'Etat, et se faire élire aux plus hautes magistratures de la République ! Il peut traiter avec les rois des plus graves intérêts du monde, mais il est incapable de faire la moindre transaction civile ; il peut commander aux légions romaines, mais son père a sur lui droit de vie et de mort ; il peut enrichir sa patrie des dépouilles des nations vaincues, mais sa part de butin appartiendra à son père, qui ne sera pas même tenu de la lui rendre à sa mort.

La puissance du père de famille se perpétuait, en effet, jusqu'au-delà du tombeau, car il pouvait disposer de ses biens et choisir ses héritiers au gré de sa volonté. *Uti legassit pater-familiâs super pecuniâ tutelâve rei suœ, ita jus esto*, disait la loi des Douze-Tables, dans son laconique langage.

Ainsi, point de limites, point d'entraves au pouvoir qu'avait le père de disposer de ses biens. Il peut les distribuer à ses enfants comme il l'entend, en priver quelques-uns pour les donner en entier à quelques autres, les faire passer à des étrangers sans rien laisser aux membres de sa famille. A cet égard, point d'autre loi que sa volonté.

C'est encore sa volonté seule qui crée ses héritiers, c'est-à-dire ceux qui doivent recueillir sa personnalité civile et l'ensemble de ses droits actifs et passifs, en d'autres termes, sa succession. Le pouvoir accordé au père de famille de disposer à son gré de tous les biens qu'il possède sera bientôt restreint dans certaines limites, mais le droit de faire passer sa succession à des héritiers de son choix ne recevra pas, jusqu'à Justinien, la moindre atteinte. La loi a sans doute organisé un système de succession *ab intestat*, mais il ne recevra d'application que si le défunt n'a point laissé de testament, et cette application sera infini-

ment rare, parce que c'est une infamie pour un
Romain de mourir sans avoir manifesté sa volonté
dernière au sujet de son hérédité. Tel est le désir de
la loi elle-même d'éviter les successions *ab intestat ,*
qu'elle permet au père de joindre au sien le testament
de son fils, dans la prévision du cas où celui-ci vien-
drait à mourir, avant d'être capable de le faire lui-
même.

Voici donc le principe fondamental du droit romain
primitif en cette matière. Lorsqu'un père de famille a
laissé un testament, sa succession consiste dans ce
qu'il laisse aux héritiers qu'il a institués dans ce testament. Ses enfants n'ont à ce titre aucun droit sur sa
succession.

§ 2. — *L'héritier qui s'abstient doit faire rapport à la
masse de la succession des libéralités qu'il a reçues de
son auteur.*

Le rapport des biens donnés à la succession du
donateur ne fut établi que fort tard dans la législation
romaine, et il n'est pas difficile de comprendre pour
quels motifs il resta longtemps inusité. Le rapport est
destiné à établir l'égalité entre les héritiers appelés à
partager les biens de leur auteur ; or, la loi romaine,
qui permettait au père de famille de distribuer ses
biens au gré de son caprice, se préoccupait fort peu
d'égalité à établir entre cohéritiers. S'il est désirable
de maintenir l'égalité entre les copartageants d'un
même patrimoine, c'est surtout lorsque ces coparta-

geants sont les enfants du défunt ; mais, pendant fort
longtemps, ces enfants restés sous la puissance paternelle, furent incapables de faire des acquisitions per-
sonnelles, et par conséquent de recevoir de leur
auteur des donations qui vinssent rompre cette égalité
désirée.

Voici quelle fut l'origine du rapport en droit
romain.

L'enfant émancipé par le père ne lui étant uni par
aucun lien de parenté civile, ne prenait part à sa
succession que dans le cas où il était institué héritier
testamentaire. Tel était le résultat rigoureux des principes de la loi civile que l'on respecta pendant fort
longtemps. A l'époque où les préteurs s'efforcèrent de
conserver aux enfants une partie de la fortune paternelle, ils donnèrent à l'émancipé, si le père ne lui
avait rien laissé par son testament, la faculté de demander la possession de biens *contrà tabulas testamenti*, et de venir prendre part à une espèce de succession prétorienne *ab intestat,* qui s'ouvrait dans ce
cas. Cependant le préteur, en corrigeant une injustice
préjudiciable à l'émancipé, dut éviter qu'il n'en fût
commis une autre à son avantage. Tandis que les
biens acquis par les enfants restés en puissance étaient
entrés dans le patrimoine qui allait devenir l'objet du
partage, l'émancipé pouvait avoir acquis, par son travail ou les donations reçues, une fortune qui était
restée sa propriété particulière. Il était donc nécessaire, si l'on voulait maintenir l'égalité entre les enfants venant au partage, d'ordonner le rapport de

tous les biens acquis par les copartageants, qui ne se trouvaient point confondus dans la masse commune. Le préteur fut ainsi conduit à ordonner que l'émancipé, qui se présenterait pour recueillir la succession paternelle, rapportât à cette hérédité tous ses biens personnels, sans distinction d'origine. — Il en fut de même quand l'émancipé fut appelé à recueillir la succession de son père décédé *ab intestat*. Plus tard, la fille qui était passée sous la puissance de son mari, fut aussi appelée à recueillir la succession de son père, soit *ab intestat*, soit *contrà tabulas*, et soumise en conséquence au rapport de la dot qu'elle en avait reçue.

Ces enfants, sortis de la puissance paternelle, ne devaient le rapport qu'à ceux de leurs frères qui y étaient restés soumis, dans le cas seulement où leur demande portait préjudice aux enfants restés dans la famille, et pour une quote-part de leurs biens proportionnelle au préjudice causé.

Ces enfants, n'étant point héritiers en vertu du droit civil, ne pouvaient prendre part à la succession paternelle qu'en demandant au préteur la possession de biens; ils avaient donc la faculté, en s'abstenant de demander cette possession, de conserver, s'ils le préféraient, la fortune qu'ils avaient personnellement acquise.

Nous avons vu que la constitution de la famille romaine rendait impossibles les libéralités entre-vifs du père à ses enfants. Une dérogation à ce principe rigoureux fut bientôt admise en faveur de la fille,

qui, en se mariant, restait soumise à la puissance
paternelle. Elle eut le droit de recevoir de son père
une dot qui restât sa propriété personnelle. D'abord,
cette dot ne fut pas soumise au rapport; mais bientôt
l'empereur Antonin (Caracalla) ordonna qu'elle fût
replacée dans la masse de la succession *ab intestat*,
quand la fille se présenterait pour y prendre part.
Bientôt il fut permis au père de famille de faire à ses
enfants mâles, qui restaient sous sa puissance, des
donations entre-vifs, appelées *ante nuptias* ou *propter
nuptias*, à l'instar des dots qu'il donnait à ses filles.
L'empereur Léon ordonna le rapport de ces donations
à la succession *ab intestat* du père. Enfin le père de
famille ayant reçu la faculté de faire toute sorte de
donations entre-vifs à ses enfants restés en puissance,
Justinien voulut que toutes ces donations fussent rapportées à la masse de la succession du père, mort
intestat, si les donataires se présentaient pour y
prendre part.

Cependant l'organisation de la famille romaine re-
cevait chaque jour de graves modifications. Les enfants
restés en puissance avaient obtenu le droit de conserver les biens qu'ils acquéraient soit par leurs travaux,
soit par les libéralités qui leur étaient adressées. Il
n'était dès lors plus nécessaire d'obliger les enfants
émancipés à rapporter leurs biens personnels à la succession paternelle, afin de rétablir l'égalité entre eux
et leurs cohéritiers restés en puissance. Ce rapport
avait même pour effet de rompre cette égalité que l'on
cherchait à établir.

C'est pourquoi Justinien, après avoir accordé les mêmes droits sur la succession du père aux enfants restés sous sa puissance et à ceux qui en étaient sortis, ordonna, par une réforme équitable, que les enfants, appelés à recueillir la succession paternelle, rapporteraient seulement les biens qu'ils auraient reçus par donation de leur auteur. Le même empereur ordonna plus tard que ce rapport fût effectué, tant dans les successions testamentaires que dans les successions *ab intestat*.

Le rapport n'était-il exigé que des héritiers qui se présentaient pour recueillir leur part dans la succession paternelle ? Ceux qui préféraient s'en tenir aux libéralités qu'ils avaient reçues pouvaient-ils se dispenser du rapport en s'abstenant de la succession ? Cette question doit être résolue affirmativement. Et, en effet, le rapport n'avait été établi que pour maintenir l'égalité entre cohéritiers, et les héritiers qui s'abstenaient étaient considérés par fiction comme ne possédant plus cette qualité. Aussi avons-nous vu tous les législateurs, qui ont ordonné le rapport, n'y déclarer soumis que les héritiers qui se présenteraient pour recueillir la succession du donateur. D'ailleurs cette décision, qui est la conséquence évidente des principes de la matière, est consacrée, de la manière la plus formelle, par plusieurs textes précis, et spécialement par celui de la novelle 92, dont nous allons nous occuper immédiatement.

§ 3. — *L'héritier qui s'abstient peut conserver les dons qu'il a reçus jusqu'à concurrence de la valeur de la portion disponible et de sa part de légitime cumulées.*

On lit dans la novelle 92 de l'empereur Justinien : « *Licet autem ei qui largitatem meruit abstinere ab hereditate dummodò suppleat ex donatione, si opus sit, cæterorum portionem.* » Ainsi donc, l'héritier qui s'abstient peut conserver la donation qu'il a reçue de son auteur jusques à concurrence de ce qui n'est pas nécessaire pour fournir la légitime aux autres enfants du donateur. Mais qu'est-ce donc que cette légitime ? Quelle est son origine, son étendue, sa nature ? C'est ce que nous devons examiner, si nous voulons pouvoir apprécier les motifs et les résultats de la novelle 92.

La règle de la loi des Douze-Tables : *Uti legâssit pater-familias ita jus esto,* reçut dans les premiers temps une application rigoureuse. Mais en voyant les enfants privés trop souvent et sans motif du patrimoine de leur famille, qu'ils avaient parfois concouru à former, l'esprit public ne tarda pas à être frappé des funestes résultats qu'entraînait le pouvoir absolu laissé au père, et songea à les pallier en y apportant quelques restrictions en faveur des enfants.

La première qui fut mise en usage consista à exiger que le testateur exhérédât expressément ses enfants, lorsqu'il ne voudrait pas les instituer. On croyait que le père serait arrêté bien souvent dans l'accomplissement du projet de priver ses enfants de sa fortune, par la pénible obligation, à laquelle il se trouverait soumis, de la leur enlever par une disposition expresse. Mais on ne tarda pas à s'apercevoir que ce n'était là qu'un impuissant remède.

Cependant le père, qui donne le jour à des enfants, contracte par ce fait même non-seulement l'obligation de les élever, mais encore celle de les aider, dans la mesure de ses facultés, à pourvoir aux besoins de leur vie entière. Or, le père de famille romain, qui ne laissait pas la moindre partie de sa fortune à ses enfants, enfreignait cette obligation naturelle. On pensa que la loi civile devait le contraindre à l'accomplir, et on exigea qu'il laissât en mourant une partie de ses biens à chacun de ses enfants. On ne porta pas la moindre atteinte au droit qu'il avait de laisser sa succession à des héritiers de son choix; il n'y eut jamais d'autre succession que celle qui était déférée aux héritiers créés par son testament; mais le testateur dut toujours laisser à chacun de ses enfants une certaine portion de sa fortune par tel moyen de transmission qu'il lui plaisait choisir. Si le père ne remplissait pas ce devoir, les enfants avaient la faculté de faire annuler son testament comme inofficieux, c'est-à-dire comme contraire aux devoirs d'un père envers sa postérité. Les enfants agissaient, en ce cas, en vertu de l'action si connue sous le nom de *querela inofficiosi testamenti*. Cette innovation fut établie par l'usage dans le cours du cinquième ou du sixième siècle de la fondation de Rome; il en est question dans une verrine de Cicéron (1, 42).

Mais quelle valeur le père devait-il laisser à chacun

de ses enfants, pour que son testament fût à l'abri de
la plainte d'inofficiosité ? Il n'y eut pendant longtemps aucune règle fixe à cet égard ; mais, comme il
paraît difficile d'admettre que la moindre valeur laissée
à chacun d'eux suffit pour rendre inattaquable le testament du père, nous devons penser que l'appréciation
en était laissée à la sagesse du juge. Plus tard on en
vint, par imitation sans doute des dispositions analo-
gues de la loi Falcidie et du S. C. Trébellien, à fixer
la valeur qui devait être laissée à chaque enfant, au
quart de ce qu'il aurait eu, s'il avait recueilli la succession *ab intestat* de son auteur. C'était le quart de
ce que lui aurait attribué la loi, si son père n'avait
pas laissé de testament, le quart de sa portion légitime, ou, plus brièvement encore, de sa légitime. Les
commentateurs modernes ont pris l'habitude de donner
à ce quart lui-même le nom de légitime. Il est probable que toutes ces innovations furent établies par l'u-
sage seul, car on ne connaît aucun monument législatif qui s'y réfère, et il paraît impossible de fixer d'une
manière précise l'époque où elles furent admises. Cujas
a écrit que la légitime avait été établie par Marc-Aurèle ;
mais il paraît s'être rétracté dans un autre passage ;
on sait d'ailleurs par un fragment de Pline, mort avant
l'avènement de Marc-Aurèle, que cette institution était
antérieure au règne de ce prince.

La légitime ne devait d'abord se calculer et se prendre, ainsi que nous venons de le dire, que sur les
biens laissés par le père au moment de sa mort. Les
pères de famille qui voulaient soustraire leur fortune

à leurs enfants, s'avisèrent de multiplier les donations entre-vifs, sur lesquelles ceux-ci n'avaient aucun droit à exercer. Les empereurs durent porter remède à ce nouvel inconvénient. Les empereurs Philippe, Valérien et Gordien permirent, dans des espèces particulières, à des enfants dont les pères avaient épuisé leur fortune par des donations entre-vifs, de faire annuler ces libéralités comme inofficieuses. Dans une autre affaire particulière, les empereurs Dioclétien et Maximien permirent à un enfant dont le père avait fait une donation entre-vifs exorbitante, et n'avait presque rien laissé dans sa succession, de réclamer sur cette libéralité sa quarte légitime. L'empereur Constantin transforma en lois générales ces décisions particulières, et assimila aux dispositions testamentaires les donations et même les dots inofficieuses. Cependant les dispositions entre-vifs ne pouvaient, du moins en principe, sous l'empire de cette législation, être annulées, réduites ou comptées pour la supputation de la légitime, que dans les cas où elles paraissaient avoir été faites dans le but de soustraire aux enfants la fortune de leur père. C'est ce que nous voyons dans le dernier paragraphe du titre *de inoff. test.* des instituts de Justinien.

Nous n'avons plus actuellement qu'à indiquer les modifications que cet empereur opéra dans la théorie juridique de la légitime.

Ce prince remarqua d'abord qu'il y avait trop de rigueur à rescinder le testament d'une personne qui n'avait pas laissé à ses enfants la totalité de la quarte légitime; car il était fort possible qu'elle se fût méprise sur les valeurs relatives de l'ensemble de sa fortune et des libéralités qu'elle leur avait adressées. Il ordonna, en conséquence, que le testament du père de famille fût respecté toutes les fois qu'il aurait eu soin de laisser à chacun de ses enfants une partie de ses biens; il voulut que ces derniers n'eussent désormais que la faculté de réclamer leur complément de légitime.

Dans sa novelle 18, il augmenta le taux de la légitime, et le porta au tiers des biens du défunt, si celui-ci avait laissé moins de cinq enfants, et à la moitié s'il en avait laissé un pareil ou un plus grand nombre.

Dans sa novelle 92, il déclare que, si un père de famille a fait une donation considérable (*immensam*) à l'un de ses enfants, il doit avoir soin de laisser aux autres une légitime égale à celle qu'ils auraient eue, si la donation n'avait pas été faite, faute de quoi la libéralité sera soumise à la réduction jusqu'à concurrence de ce qui sera nécessaire pour fournir ou compléter cette légitime à chacun des enfants du donateur. Cette disposition déroge-t-elle à la législation de Constantin, rappelée par les instituts? S'applique-t-elle à toutes les libéralités du défunt, ou seulement à celles qu'il a faites en fraude des droits de ses enfants? Des jurisconsultes illustres ont soutenu qu'il ne s'agissait que de ces dernières. On leur a répondu, à juste titre, que la novelle 92, ainsi interprétée, serait complètement inutile, puisqu'elle ne modifierait en rien la législation qui existait au moment de sa promulgation. Nous ajouterons que les expressions employées par le législateur démontrent évidemment que, s'il ne s'occupe point des dispositions de minime valeur, il entend parler cependant de toutes les donations assez considérables, sans se préoccuper de savoir si elles ont été faites par le père dans le but de soustraire sa fortune à ses enfants. Aussi la pratique de notre ancienne jurisprudence n'hésitait-elle pas à faire entrer toutes les donations en ligne de compte pour le calcul de la légitime, et à les soumettre à la réduction, lorsque les biens restés dans la succession ne suffisaient pas pour fournir aux enfants cette légitime tout entière.

Enfin, dans sa novelle 115, Justinien déclare qu'il n'est plus permis à un père de famille d'omettre ou d'exhéréder ses enfants sans motif suffisant, alors même qu'il aurait soin de leur laisser par donation, legs ou fidéicommis, la portion de ses biens que les lois leur assurent. Si le père n'observait pas cette prescription, son testament devait être annulé. Nous reviendrons bientôt sur cette disposition législative, afin d'en bien fixer le sens et la portée.

Après avoir fait connaître l'origine de la légitime, il nous reste à chercher quelle était sa nature.

La légitime était-elle une partie de la succession du père de famille? Evidemment non.

Si la légitime eût fait partie de l'hérédité du père de famille, elle n'aurait pu être transmise aux ayants-droit que par voie de succession, soit testamentaire, soit *ab intestat*. Si l'un d'eux, en effet, pouvait la

recevoir par une autre voie de transmission, on ne
pouvait dire qu'il reçût une portion de l'hérédité, et
le principe était détruit. Or, l'ancien droit romain permettait au père de laisser la légitime à ses enfants par
donation, legs et fidéicommis aussi bien que par voie
de succession. Lors, en outre, que le père avait dés-
hérité son enfant, sans lui laisser sa légitime tout
entière, celui-ci pouvait en réclamer le complément
en vertu de sa seule qualité d'enfant. La légitime ne
pouvait donc pas être considérée comme une partie
de l'hérédité.

Nous avons vu, d'ailleurs, que la légitime se prenait quelquefois sur des biens qui ne pouvaient faire
partie de la succession, puisqu'ils avaient été aliénés
par le défunt à titre de donation entre-vifs. On ne
pouvait donc pas soutenir que la légitime fût une partie de la succession.

L'ancien droit romain considérait la légitime comme
une portion des biens du père de famille.

Cela résulte d'abord de textes positifs qui l'expriment en termes formels. La loi 6, C., *de inoff. test.*,
appelle la légitime *bonorum partem*. La loi 5, C., *de
inoff. donat*, la qualifie de *debitum bonorum subsi-
dium*.

Cette solution peut se déduire encore fort logique-
ment de certaines dispositions de la loi. Ainsi, la loi
8, C., *de inoff. test.*, dit en propres termes : *Quarta
autem accipitur scilicet deducto œre alieno*. Or, qu'est-ce
qui reste de ce qu'a laissé le défunt, quand déduction
a été faite de ses dettes? Ses biens, nous répond la

loi elle-même. C'est donc une partie des biens du
défunt que les enfants prennent pour leur légitime.
La légitime n'est donc pas autre chose qu'une partie
des biens laissés par le défunt.

Mais la promulgation de la *novelle* 115 de l'empereur Justinien n'a-t-elle pas modifié la nature de la
légitime? Cette constitution ordonne au père, dit-on,
de laisser la légitime à ses enfants à titre d'institution;
elle l'a donc transformée en une portion de l'hérédité.
— Nous ne croyons pas que la novelle 115 ait porté
la moindre atteinte à la nature que nous avons reconnue
à la légitime, et cela pour deux raisons.

Personne n'a jamais prétendu que la novelle 115
ait abrogé la disposition de la novelle 92 qui permet
à l'héritier qui s'abstient de retenir sur sa donation et
la portion disponible et sa part de légitime cumulées.
Cette portion de légitime n'est point recueillie par le
donataire à titre d'hérédité. Il est donc impossible de
dire, d'une manière absolue, que la légitime est une
portion de la succession.

D'ailleurs, la novelle 115 n'édicte point, à notre
sens du moins, la disposition que la doctrine croit y
trouver. Voici le fragment de la novelle dont on argu-
mente : *Sancimus igitur non licere patri vel matri.....*
liberos præterire, aut exheredes in suo facere testa-
mento, nec si per quamlibet donationem, vel legatum,
vel fideicommissum, vel alium quemcumque modum eis
dederit legibus debitam portionem. Que dit le législateur
dans ce passage? Que le père devra désormais laisser
la légitime à ses enfants à titre d'institution? Pas le

moins du monde, comme l'on voit. Le législateur dit
au père de famille que, alors même qu'il a laissé la
légitime à ses enfants par donation, legs, fidéicommis
ou de tout autre manière, il n'est pas encore quitte
de tous ses devoirs à leur égard, et qu'il doit, en
outre, les instituer ses héritiers. Il ne manifeste nullement l'intention de changer le mode de transmission
de la légitime; il impose seulement au père une obligation nouvelle, complètement indépendante de celle
qui pesait déjà sur lui. — L'application de notre pensée à un exemple va faire toucher du doigt à tout
esprit non prévenu la vérité de notre interprétation.
Supposons qu'un père institue un étranger son héritier pour dix onces et son fils unique pour deux onces seulement. La part héréditaire du fils sera, dans
cette hypothèse, équivalente à la moitié seulement de
sa légitime. Ce fils pourra-t-il faire annuler le testament de son père, parce qu'il n'a pas rempli l'obligation que lui imposait la novelle 115? Cela nous paraît
impossible. Il n'est donc pas indispensable que la légitime soit laissée à titre d'institution. Mais poursuivons.
Cet enfant, institué pour deux onces seulement,
pourra évidemment réclamer un supplément de légitime. Mais à quel titre agira-t-il? à titre d'héritier
institué? Mais ce titre, par la limitation qu'il a reçue,
ne lui donne pas droit au supplément réclamé. A titre
d'héritier légitime? Mais c'est un principe bien connu
du droit romain qu'il ne peut y avoir à la fois, dans
une succession, des héritiers testamentaires et des
héritiers légitimes. Ce supplément de légitime n'est

donc pas une portion de l'hérédité du père. — Concluons donc que, malgré la novelle 115, la légitime n'a jamais pu être considérée, en droit romain, comme une portion de l'hérédité du père de famille.

Un dernier argument vient encore corroborer les preuves irréfragables que nous avons déjà fait valoir. Une succession, sa nature l'exige ainsi, est déférée collectivement à tous les héritiers qui doivent la recueillir, et à chacun pour le tout. La légitime, au contraire, est dévolue à chacun des enfants séparément pour sa part et portion. Ce principe résulte, en effet, de la loi 8, ff, *de inoff. test.* et de la disposition même de la novelle 18 qui augmente le taux de la légitime; il n'a d'ailleurs jamais été contesté. Il est donc impossible de prétendre que la légitime soit une portion de l'hérédité.

Aucun auteur, qui ait écrit sur le droit romain proprement dit, n'a jamais présenté la légitime comme devant faire nécessairement partie de la succession du père de famille. Les jurisconsultes coutumiers sont les seuls qui aient formulé cette proposition. Nous verrons plus tard si elle a réellement la signification absolue qu'elle paraît présenter d'abord.

En résumé, voici quelle était la nature de la légitime en droit romain. C'était une portion des biens du père de famille que la loi assurait à chacun de ses enfants. Ils pouvaient la recueillir par toutes les voies de transmission que la loi mettait à la disposition du père. Lorsque, au moment de sa mort, celui-ci ne leur avait absolument rien laissé, ils pouvaient faire casser ses dispositions testamentaires. S'il ne leur avait laissé qu'une partie de leur légitime, les enfants pouvaient en réclamer le complément, en vertu de leur seule qualité d'enfant. C'était là un mode particulier de transmission à titre gratuit.

Qu'il nous soit permis, avant de terminer, de consigner ici deux observations importantes.

1° La seule qualité d'enfant suffisait pour donner le droit de réclamer la légitime. Aussi, lorsqu'un fils de famille qui n'avait pas reçu toute sa légitime s'abstenait de la succession de son auteur, il avait le droit de la réclamer aux donataires entre-vifs, déduction faite d'une valeur égale à ce qu'il avait négligé de recueillir dans l'hérédité paternelle.

2° Le légitimaire n'était pas soumis, à ce titre, au paiement des dettes de son auteur. Une conséquence évidente de ce principe, c'est que les créanciers n'avaient aucun droit sur les biens que les enfants enlevaient, pour se remplir de leur légitime, aux donataires dont les libéralités étaient sujettes à réduction.

Il ne nous sera pas difficile actuellement d'expliquer et de justifier la disposition de la novelle 92.

Un héritier qui a reçu de son auteur une donation entre-vifs considérable s'abstient de sa succession qui lui est dévolue, soit *ab intestat*, soit par testament; il est, en conséquence, dispensé du rapport. Que peut-il retenir sur la libéralité qu'il a reçue? Sa légitime d'abord. Il est probable, en effet, que le père a entendu donner, en premier lieu, ce que la loi lui ordonnait de laisser à son enfant; et d'ailleurs, si la loi désire

assurer la légitime à l'enfant, c'est la première chose
qu'il doive retenir. Il aura le droit d'imputer ensuite
sur sa donation la portion du patrimoine du père,
dont celui-ci pouvait disposer à son gré; Il pourra
donc retenir et la portion disponible et sa légitime
cumulées.

Cette décision peut, d'ailleurs, être justifiée d'une
autre manière. Puisque le donataire qui s'abstient n'est
plus soumis au rapport, il peut conserver tout le patrimoine du défunt, à l'exception seulement de ce qui
est nécessaire pour fournir la légitime aux autres
enfants du donateur. Mais quel est le montant de
cette légitime? comment doit-elle être calculée? L'héritier qui s'abstient, en se dépouillant de la qualité
d'héritier, a conservé celle d'enfant. Comme ce titre
suffit pour lui donner droit à la légitime, on ne peut
nier qu'il ne fasse nombre pour en déterminer le montant et les portions. En conséquence, lorsqu'il a payé
à chacun de ses frères sa part dans la légitime ainsi
calculée, il reste entre ses mains et le disponible et
sa propre portion de légitime.

DROIT COUTUMIER.

Que peut retenir l'héritier qui renonce sur les dons en
avancement d'hoirie qu'il a reçus de son auteur.

L'héritier qui renonce à la succession de son auteur peut-il retenir les dons qu'il en a reçus ? S'il en
est ainsi, jusqu'à concurrence de quelle valeur peut-il
les retenir ? Telles sont les questions que nous nous
proposons d'examiner en droit coutumier, comme nous
l'avons fait en droit romain.

Avant d'aborder la discussion de ces deux questions, nous croyons qu'il n'est pas inutile de jeter un
coup-d'œil rapide sur la constitution de la famille et
le principe fondamental du droit de succession, sous
l'empire de notre législation coutumière. Ce sera le
moyen de signaler la différence qui existe entre cette
législation et le droit romain en cette matière, et de
faire connaître d'avance la source et la raison d'être
des dispositions législatives que nous aurons à exposer.

§ 1. — *Constitution de la famille et principes fondamen-*
taux du droit de succession dans notre législation cou-
tumière.

Les principes démocratiques, qui étaient le fonde-

ment des institutions sociales des anciens Germains,
avant les temps de la conquête, ne furent pas complètement effacés de leur législation, par l'effet de leur
fusion avec les nations vaincues, du changement de
leurs mœurs et de leur gouvernement, ni de l'établissement du système féodal qui s'était opéré depuis. On
en trouve encore des traces dans certaines institutions
civiles de nos coutumes du moyen-âge, et spécialement dans la constitution de la famille et de la puissance paternelle. Et, en effet, nous ne trouvons plus
l'organisation tyrannique de la famille romaine, ni le
pouvoir despotique du père sur tout ce qui l'envi-
ronne; au contraire, c'est un principe fondamental de
notre droit coutumier que « en France l'autorité paternelle n'a point de lieu. » Sans doute il faudrait se garder d'interpréter littéralement cette phrase trompeuse;
elle n'était destinée qu'à faire sentir la différence profonde qui existait entre le droit romain et notre droit
national en cette matière. Il est juste cependant de
reconnaître que l'autorité paternelle n'était pas fort
étendue sous l'empire de notre législation coutumière.

Le père de famille jouissait, sur ses enfants mi-
neurs, d'une autorité qui lui conférait les droits d'ad-
ministration, de tutelle, de correction et d'usufruit,
et la faculté de consentir ou de se refuser à leur mariage. Ces droits prenaient fin presque tous avec la
minorité des enfants. Devenus majeurs, ceux-ci n'é-
taient plus tenus envers leurs parents qu'à des devoirs
moraux, tels que la déférence et le respect.

Chacun possédait dès le moment de sa naissance,

sinon l'exercice, du moins la jouissance de ses droits civils. Le fils de famille pouvait, ainsi que tout autre personne, même pendant sa minorité, recevoir et acquérir, être propriétaire et créancier, et même transiger et contracter valablement sur ses biens personnels, par l'intermédiaire de ses mandataires légaux.

Le père de famille n'avait pas la libre disposition de sa succession; il ne jouissait pas même d'un pouvoir absolu, relativement à la transmission de sa fortune à titre gratuit.

Il ne lui appartenait point de choisir ses héritiers, c'est-à-dire ceux qui devaient, après sa mort, recueillir sa personnalité civile et prendre sa place dans la société. Il n'y a que Dieu et la loi qui fassent des héritiers, disait notre droit coutumier. Aussi la succession était toujours recueillie de plein droit par les enfants du défunt et, à leur défaut, par ses autres parents désignés par la loi.

Le père n'avait pas non plus, avons-nous dit, la libre disposition de sa fortune à titre gratuit. La loi le soumit d'abord à laisser dans son hérédité une partie de son patrimoine, que l'on appelait *réserve*. Plus tard, lorsque notre législation coutumière eut adopté l'institution de la légitime de droit écrit, le père fut, en outre, soumis à laisser à ses enfants une partie de ses biens à titre de légitime.

Les héritiers qui venaient prendre part à la succession de leur auteur étaient, en principe du moins, soumis au rapport des dons qu'ils en avaient reçus. Etaient-ils encore soumis à cette obligation quand ils renonçaient à la succession qui leur était dévolue ? C'est ce que nous allons examiner dans le paragraphe suivant :

§ 2. — *Si l'héritier renonçant peut retenir les dons en avancement d'hoirie qu'il a reçus de son auteur.*

Nos anciennes coutumes ne donnaient pas toutes la même solution à cette question. Pour exposer avec méthode et clarté leurs dispositions à cet égard, nous serons obligés d'avoir recours à de nombreuses distinctions.

Et d'abord, on pouvait à ce sujet diviser nos coutumes en deux grandes classes, celles qui permettaient au père de faire à ses enfants des avantages préciputaires, et celles qui lui interdisaient cette faculté.

La première classe comprenait, non-seulement les coutumes qui permettaient formellement les donations préciputaires, mais encore celles qui étaient muettes à ce sujet, sans qu'il y eût à distinguer si elles se référaient ou non aux dispositions du droit écrit en cette matière. Toutes les coutumes appartenant à cette classe permettaient à l'héritier qui renonçait à la succession de conserver les donations en avancement d'hoirie qu'il avait reçues de son auteur.

Les coutumes de la seconde classe n'étaient point unanimes ; leur solution varia suivant les temps et les lieux. Nous distinguerons dans cette classe les coutumes d'égalité parfaite et les coutumes d'égalité en partage, que nous appellerions volontiers, avec M. Coin-Delisle, coutumes d'option.

Ces coutumes d'option ne méritèrent ce nom que vers la fin du seizième siècle, au moment de la révision de la plupart d'entre elles. Avant cette époque, en effet, l'héritier, appelé à recueillir une succession, n'avait point la liberté de prendre, à son choix, sa part dans l'hérédité, en se soumettant au rapport, ou bien de retenir, en renonçant, les donations qui lui avaient été faites en avancement d'hoirie; il était soumis dans tous les cas, en principe du moins, au rapport des libéralités qu'il avait reçues de son auteur.

Sans nous livrer à ce sujet à de longues investigations, nous nous contenterons de rapporter la théorie qu'a formulée le grand Dumoulin, dans son *Commentaire sur la première Coutume de Paris.*

Lorsqu'un père de famille fesait une donation à l'un de ses héritiers présomptifs, à la condition que celui-ci renonçât à ses droits héréditaires éventuels, il intervenait entre les deux parties une espèce de contrat de vente aléatoire, qui n'était pas alors prohibé par la loi. Les effets de ce contrat étaient déterminés par le caractère particulier que nous venons de lui assigner. Aussi le donataire n'avait point le droit de réclamer sa portion héréditaire, en offrant le rapport; mais il ne pouvait être soumis au rapport, s'il voulait conserver le don qu'il avait reçu, sans prendre part à la succession. — Mais tout ceci est étranger à la question qui nous occupe.

Toutes les autres libéralités faites par un auteur à son héritier présomptif étaient divisées par Dumoulin en trois classes : 1° Celles qui étaient faites expressément à titre d'avancement d'hoirie ; 2° celles qui étaient faites purement et simplement, sans mention aucune de la cause qui les déterminait ; 3° enfin, celles qui étaient faites pour une cause spéciale, expressément manifestée.

Le jurisconsulte coutumier définit la donation en avancement d'hoirie, celle que le père fait à son fils comme à son successible, en considération de ce qu'il espère l'avoir pour héritier, et pour le faire jouir plus tôt des avantages de sa succession. En faisant cette donation en avancement d'hoirie, le père a espéré que son fils la rapporterait un jour à la masse de sa succession. Lorsque le fils renonce plus tard à son hérédité, la cause qui a déterminé la libéralité qu'il a reçue de son père vient à défaillir ; cette donation doit donc être résolue, et les biens donnés doivent rentrer dans la masse de la succession. Dumoulin explique ainsi la solution qu'il présente : *Quia dictâ causâ expressâ*, dit-il, *si posteà filius donatarius non velit esse hœres, resolvitur donatio, tanquàm causâ finali non secutâ.*

Les donations pures et simples étaient considérées comme faites à titre d'avancement d'hoirie ; c'était la présomption légale que posait l'art. 159 de la coutume. Quoique Dumoulin refuse de les assimiler complètement aux donations expressément faites à titre d'avancement d'hoirie, il les met absolument sur la même ligne que ces dernières relativement au rapport, et déclare que l'héritier doit les replacer dans la masse de la succession, alors même qu'il se dépouille de sa qualité.

Quand la donation faite par l'auteur à l'héritier présomptif avait été déterminée par un motif spécial, expressément formulé, il était impossible de la confondre avec les donations en avancement d'hoirie et de la soumettre aux mêmes règles que ces dernières. Aussi admettait-on que le donataire pouvait la retenir, s'il renonçait à l'hérédité ; mais il était tenu d'en faire le rapport, s'il voulait prendre part à la succession.

Telles étaient bien les dispositions de l'ancienne coutume de Paris ; mais elles ne tardèrent pas à être modifiées. Voici quelle en fut la cause. Les sujets des coutumes qui prohibaient les dons préciputaires , supportaient impatiemment l'impuissance dans laquelle ils se trouvaient de satisfaire leurs prédilections pour certains de leurs héritiers, ou de réparer les inégalités produites entre eux par les dons de la nature ou les accidents de la fortune. Sous l'empire de ce sentiment , bien des pères de famille firent, sans doute, à leurs enfans des donations motivées sur une fausse cause, afin de leur donner la faculté de les retenir, après leur mort, au moyen d'une renonciation. Mais cet expédient n'étant pas toujours praticable, ils désirèrent que la renonciation autorisât les enfants à retenir même les donations faites en avancement d'hoirie.

Pothier nous révèle ce mouvement de l'opinion publique lorsqu'il nous dit que la faculté accordée aux héritiers renonçants, de retenir toutes les libéralités qu'ils avaient reçues de leur auteur, fut un rapprochement vers la liberté de droit naturel, qui permet à chacun de témoigner une affection spéciale à celui de ses enfants qui a le mieux mérité de sa tendresse. Cette observation n'est juste que si on l'applique à une législation qui prohibe les dons préciputaires. Mais, sous l'empire d'une législation qui les permet, ce droit de rétention accordé à l'héritier renonçant est fort inutile pour atteindre le but dont parle Pothier, et ne sert qu'à permettre aux enfants de se créer des avantages que n'autorisent ni la volonté du père, ni l'esprit général de la loi.

Quoi qu'il en soit, il est certain que, dans la seconde moitié du xvie siècle, la pratique cherchait à se soustraire à cette prohibition gênante des dons préciputaires. Un arrêt du 21 août 1571, cité par Ferrière, autorisa un héritier à conserver les avantages qu'il avait reçus de son auteur, parce qu'il avait renoncé à sa succession. Bientôt après, lors de la révision de 1580, fut inséré dans la nouvelle coutume l'art. 307, qui transforma cette permission particulière en autorisation générale. Il faudrait se garder en effet de croire, comme paraissent le faire Ferrière, Lebrun et Merlin, que cet article n'était destiné qu'à mettre à l'abri du doute et de la contestation un principe antérieurement admis. C'était si bien la consécration d'une coutume nouvelle, que le procès-verbal de révision porte que la disposition de l'art. 307 est établie *pour avoir lieu sans préjudice de ce qui s'observait dans le passé.*

Cette modification, introduite dans la coutume de Paris, fut adoptée par la plupart des coutumes prohibitives du préciput. Quelques-unes la sanctionnèrent par

un texte positif; mais le plus grand nombre la consa-
cra par l'usage seulement. Les coutumes d'égalité parfaite furent les seules qui conservèrent intact notre
vieux droit national en cette matière.

Ces coutumes d'égalité parfaite étaient celles de
Touraine, Anjou et Maine, entre non nobles, et, entre
toutes personnes, celles de Dunois, Bretagne, Normandie, Reims pour les propres seulement, et Bourbourg
sous une double distinction. Ces coutumes exigeaient
que toutes donations faites par un auteur à ses successibles, fussent rapportées à la masse de l'hérédité,
nonobstant toute renonciation de la part du donataire.

On s'est demandé si, en cas de renonciation, le
donataire ne pouvait pas même retenir sa part héréditaire. M. Coin-Delisle résout cette question affirmativement. Mais nous pensons que c'est une erreur échappée
à ce jurisconsulte éminent, du moins s'il a voulu donner à sa solution le sens absolu qu'elle paraît avoir.

Remarquons d'abord qu'une pareille renonciation
ne devait guère se présenter, sous l'empire d'une législ-
lation où elle était, sinon préjudiciable, du moins fort
inutile. Mais au cas où elle se serait présentée, cette
question ne nous paraît pas susceptible de faire le
moindre doute. Et, en effet, toutes les coutumes d'égalité parfaite ordonnaient expressément que le renonçant
fît rapport de tout ce qu'il avait reçu de son auteur,
et ne faisaient mention d'aucune distinction ni réserve
en sa faveur. C'est dans ce sens qu'a été votée la loi du
17 nivôse an II, qui contient la reproduction fidèle
des coutumes d'égalité parfaite; c'est dans ce sens, au

reste, qu'elle s'est formellement expliquée dans son art. 9, où il est dit : « En conséquence, les enfants, descendants et héritiers en ligne collatérale ne pourront, même en renonçant à ces successions, se dispenser de rapporter ce qu'ils auront eu à titre gratuit par l'effet de donations que leur auront faites leurs ascendants ou leurs parents collatéraux..... » A quel titre d'ailleurs l'héritier renonçant aurait-il pu retenir sa part de succession ? Ce n'était point à titre de donataire, car ce titre ne peut donner le droit à une personne de prendre part à une hérédité. Ce n'était pas non plus à titre d'héritier, puisqu'il s'était dépouillé de cette qualité. — Dira-t-on qu'il ne s'agit point ici de la portion même du renonçant dans l'hérédité, mais seulement d'une valeur égale à cette portion prise sur la quotité disponible? Pour qu'il fût licite au renonçant de faire une pareille rétention, il serait indispensable que la loi eût changé par une disposition formelle la nature et les effets de la donation qu'il a reçue. Il pouvait se faire d'ailleurs que la portion héréditaire du renonçant fût plus considérable que la quotité disponible du patrimoine paternel, ou que ce qui en restait libre, déduction faite des donations préciputaires antérieures; dans ces hypothèses, l'enfant n'aurait pu faire la rétention dont il s'agit qu'en prenant en réalité une portion de la succession.

M. Coin-Delisle cite, à l'appui de son opinion, des passages conformes de Pocquet de Livonière, sur la coutume d'Anjou, de Basnage, sur celle de Normandie, et enfin de Bergier, sur la loi de nivôse. Il nous

semble que ces jurisconsultes n'envisagent point la
question au même point de vue que nous, et que leur
décision n'est point contraire à celles où nous ont conduit les principes et les dispositions formelles de la loi.
Voici dans quel sens il faut, à notre avis, entendre
la solution présentée par ces auteurs. Le donataire n'a
renoncé à la succession de son auteur que pour retenir les donations qu'il en avait reçues; mais comme
ce but ne peut être atteint, la renonciation doit être
considérée comme non avenue, et celui qui l'a faite
doit conserver sa part héréditaire. Ainsi donc, si le
renonçant n'était pas privé de sa part dans la succession, c'était parce que l'on ne tenait pas compte de sa
renonciation. Entendue dans ce sens, la décision de
ces jurisconsultes est fondée; entendue dans le sens
absolu que paraît lui prêter M. Coin-Delisle, ce serait
une erreur certaine, condamnée par la loi.

En résumé, les coutumes qui ne prohibaient point
les donations préciputaires permirent à l'héritier renonçant de retenir les dons qu'il avait reçus de son
auteur. Relativement aux coutumes, qui prohibaient
toutes donations à titre de préciput, une distinction
est nécessaire. Les unes exigèrent d'abord le rapport de
toutes les donations en avancement d'hoirie, malgré la
renonciation de celui qui les avait reçues; mais elles
permirent plus tard ce qu'elles avaient prohibé, et
adoptèrent la disposition des coutumes de préciput.
Les autres, qui méritèrent d'être appelées coutumes
d'égalité parfaite, maintinrent jusqu'au dernier moment les principes de notre vieux droit national, et

ne permirent jamais à l'héritier, qui renonçait à la succession, de retenir la mbindre part des libéralités qu'il avait reçues de son auteur.

Il nous reste actuellement à déterminer quelle était la limite du droit de rétention, sous l'empire des coutumes qui l'admettaient. Nous aurons pour cela à distinguer entre le cas où les héritiers, qui acceptaient, réclamaient leur réserve coutumière, et celui où ils demandaient leur légitime de droit écrit.

§ 3. — *Lorsque les héritiers, qui acceptent, réclament leur réserve coutumière, le renonçant ne peut retenir les dons en avancement d'hoirie qu'il a reçus de l'auteur commun, que jusques à concurrence de la quotité disponible; il ne peut pas y joindre sa part dans la réserve.*

Cette proposition s'explique et se justifie très-facilement à l'aide des principes fondamentaux de la théorie de la réserve dans notre législation coutumière.

L'esprit de notre ancien droit national était de maintenir dans la famille les biens qui en formaient le patrimoine. A cet effet, la loi avait établi, d'abord que chacun aurait pour héritier ses enfants, et, à leur défaut, ses autres parents dans l'ordre par elle indiqué, et, en second lieu, que tous ses biens composeraient, en principe du moins, la succession qu'il devait laisser à ses héritiers légitimes. Le premier principe ne reçut jamais la moindre atteinte; la volonté individuelle fut toujours impuissante à conférer la qualité d'héritier, comme à en dépouiller ceux qui en avaient été revêtus par la loi. Mais le législateur permit au père de famille de disposer à son gré d'une partie de sa fortune. L'autre partie dut toujours composer sa succession.

Que l'on nous permette de donner en passant quelques détails rapides sur la fixation respective de la portion du patrimoine dont le père pouvait disposer à son gré, et de celle qui était réservée à ses héritiers. Les dispositions des coutumes à ce sujet étaient fort variées.

1° Certaines coutumes permettaient au père de disposer à son gré des *meubles* et des *acquêts*. D'autres lui permettaient seulement de disposer de ses meubles, les *acquêts* devant rester comme les *propres* dans la masse de la succession. D'autres, enfin, ne permettaient au père de disposer de l'universalité d'aucune classe de ses biens. — Quelques-unes des coutumes qui permettaient au père de disposer des meubles et des acquêts, restreignaient cette faculté au cas où son patrimoine comprenait des propres, mais substituaient les acquêts aux propres pour former la masse de la succession, quand il n'existait pas de propres, et même les meubles aux acquêts, quand il n'existait ni propres ni acquêts.

Ceci nous permet de constater, en passant, l'erreur de ceux qui ont prétendu que le système de la réserve coutumière était intimement lié à celui des propres, et ne pouvait être reproduit dans une législation qui ne distingue point entre les propres et les acquêts.

2° Les coutumes permettaient encore au père de disposer d'une quote-part des universalités de biens qui devaient rester dans la succession. Cette quote-part était fixée, suivant les coutumes, au tiers, au quart ou au quint de l'universalité.

3° Enfin, tandis que certaines coutumes n'étendaient pas davantage la liberté accordée au père de famille, quelques-unes augmentaient la quote-part dont il lui était permis de disposer, quand il voulait le faire par donation entre-vifs ; d'autres enfin lui accordaient la libre faculté de disposer par cette voie de tous les biens qu'il possédait.

Tous les biens qui ne se trouvaient pas compris dans ces portions disponibles du patrimoine paternel, devaient nécessairement rester dans la succession, et prenaient le nom de réserve. Ils étaient ainsi désignés, parce qu'ils étaient conservés aux héritiers légitimes, même rétroactivement (*retrò servata*), malgré l'aliénation par donation ou legs qu'en aurait pu faire le père de famille. Si le père, en effet, avait disposé de quelques biens faisant partie de la réserve, le titre d'aliénation était considéré comme non avenu, dès le moment de sa mort, comme s'appliquant à des objets indisponibles, et ces objets rentraient immédiatement dans la masse de la succession.

La réserve, avons-nous dit, était composée des biens qui devaient nécessairement rester dans la succession ; la réserve, c'était la partie de la succession qui ne pouvait pas perdre sa qualité ; la réserve, en un mot, c'était la succession. On doit donc appliquer à la réserve tous les principes relatifs aux hérédités. Aussi pouvons-nous dire qu'elle était déférée collectivement aux héritiers que la loi désignait, et à chacun d'eux pour le tout, et enfin que celui qui n'avait pas la qualité d'héritier n'avait aucun droit à faire valoir sur elle.

Ces principes étant établis, il nous sera facile d'expliquer et de justifier la proposition que nous avons posée en tête de ce paragraphe.

L'héritier qui renonce est considéré comme un étranger et n'est plus soumis au rapport. Jusques à concurrence de quelle valeur peut-il retenir les libéralités qu'il a reçues en avancement d'hoirie? Jusques à concurrence de la quotité disponible sans doute, puisque son père avait la libre faculté d'en disposer. Peut-il retenir encore sa part dans la réserve? Evidemment non! Il n'a pas ce droit à titre de donataire, puisque la réserve ne peut être transmise qu'à titre d'hérédité. Il n'a pas ce droit à titre d'héritier, puisqu'il ne possède plus cette qualité, s'en étant volontairement dépouillé.

Si ce raisonnement si simple, déduction rigoureuse de principes certains, ne portait pas une conviction entière dans l'esprit de certaines personnes, qu'elles sachent que cette théorie a été présentée par tous les jurisconsultes coutumiers sans exception, et notamment par Pothier, Lebrun et Ricard. Qu'il nous soit permis, pour justifier notre assertion, de citer un passage du *Traité des Donations* de ce dernier auteur, l'une des autorités les plus révérées de notre ancienne jurisprudence. Ricard examine la question pour les legs seulement, parce qu'il écrit sous l'empire de la coutume de Paris, qui permettait au père de disposer de toute sa fortune par voie de donation entre-vifs. Il s'exprime ainsi : « Si le legs sujet à retranchement, aux termes de nos coutumes, en conséquence de ce qu'il excède les meubles et acquêts et le quint des propres dont elles permettent de disposer, est fait à l'un des présomptifs héritiers des propres, celui-ci a-t-il le droit de retenir, non-seulement ce dont le testateur avait la liberté de disposer au profit de toute personne indifféremment, mais aussi la part qui lui est destinée par la coutume dans les quatre quints sujets à récompense ? — Si nous consultons l'usage, nous trouvons qu'il est absolument contraire, pour notre question, à ce qui s'observe dans l'espèce de la légitime ; et lorsque l'un des habiles à succéder a été fait légataire universel, ou d'une certaine espèce de biens, il abandonne à ceux qui acceptent la succession sa part dans les quatre quints des propres, quoique les termes de la disposition faite en sa faveur puissent s'y étendre. » — Ricard fait lui-même quelques objections à sa solution, et il répond ainsi : « Quoique ces raisons soient apparentes, je crois néanmoins qu'il s'en faut tenir à l'usage, et qu'il est facile de concilier la différence qui s'y rencontre à l'égard du partage de la légitime et celui des quatre quints des propres, si l'on considère que la légitime nous a été transmise du droit civil, et que nous n'avons pas d'autres principes pour la régler que les maximes du même droit, qui n'a pas reconnu l'incompatibilité des qualités d'héritier et de prélégataire; mais pour ce qui est du retranchement des quatre quints des propres, ou d'une autre qualité de biens du testateur en faveur des héritiers du sang, il est purement de l'invention du droit français aussi bien que l'incompatibilité des deux qualités; tellement, qu'il n'y a point lieu de s'étonner si, en expliquant et pratiquant nos coutumes, nous avons absolument suivi l'esprit et établi un usage qui n'est point contesté, et duquel nous ne devons pas nous départir, que celui qui n'est pas actuellement héritier ne doit point prendre part dans les quatre quints des propres, soit par voie de rétention, soit autrement, nos coutumes ne donnant, en effet, ce droit qu'à ceux qui portent le titre d'héritiers; ce qui ne convient pas à un légataire qui renonce à la succession à laquelle il était appelé pour conserver la disposition faite en sa faveur » (nos 1460-1463). — Dans un autre passage, Ricard étend cette doctrine au cas où la réduction porte sur les donations entre-vifs.

Ainsi donc, en résumé, dans notre droit coutumier, la réserve était la succession même du défunt. A ce titre, la réserve ne pouvait être recueillie que par ses héritiers légitimes; l'héritier donataire qui avait renoncé ne pouvait pas prendre sa part de réserve, il devait se contenter de retenir sa portion disponible.

§ 4. — *Quand les héritiers qui acceptent demandent la légitime de droit écrit, le renonçant peut retenir, sur les dons qu'il a reçus en avancement d'hoirie, et la portion disponible et sa part de légitime cumulées.*

La théorie de la légitime romaine fut admise, de tout temps et sans modification aucune, dans nos pays de droit écrit. Elle resta, au contraire, longtemps inconnue dans nos pays de coutumes. Cependant les moyens établis par notre législation coutumière, pour conserver dans les familles les biens qui en formaient le patrimoine, ne suffisaient pas toujours pour assurer aux enfants une portion assez considérable de la fortune de leurs parents. Ce fut pour remédier à cet inconvénient que le système de la légitime romaine fut successivement introduit dans nos diverses provinces régies par les coutumes. Il ne fut pas dans toutes consacré par des dispositions législatives; mais il fut partout admis dans la pratique, ainsi que le témoignent les monuments de la jurisprudence.

Quelques-unes de nos coutumes adoptèrent le taux de la légitime qui se trouvait établi par la novelle 18; il en est d'autres qui le modifièrent. La plupart de ces dernières se référèrent à la disposition de la coutume de Paris qui le fixait à la moitié de ce que chaque enfant aurait eu dans la succession paternelle.

L'introduction de la légitime dans nos pays coutumiers ne porta aucune atteinte aux dispositions que nous avons développées dans le § 2 ci-dessus; elle n'empêcha pas que, sous l'empire de certaines coutumes, l'héritier renonçant ne fût soumis au rapport des dons qu'il avait reçus de son auteur.

Mais, dans les pays où l'héritier renonçant n'était pas soumis au rapport, il pouvait conserver, sur les dons en avancement d'hoirie qu'il avait reçus, et la portion disponible et sa part de réserve cumulées. Tous les auteurs déclarent que la disposition de la novelle 92 doit être appliquée. L'art. 307 de la coutume de Paris reproduit cette disposition, et enfin on la retrouve encore dans l'art. 34 de l'ordonnance de 1731 sur les donations.

Néanmoins, d'après un système généralement répandu dans notre ancienne jurisprudence, la légitime était une portion de l'hérédité, et il fallait être héritier pour avoir le droit de la recueillir. Comment pouvait-on concilier ces deux dispositions qui paraissent contradictoires? Comment parvenait-on à expliquer et à justifier la disposition de la novelle 92, puisque l'on niait le principe sur lequel nous l'avons fondée? C'est ce qu'il est important d'examiner.

Une immense controverse sur la nature de la légitime divisa, pendant trois siècles, la doctrine et la jurisprudence de nos pays de droit coutumier. Les uns soutenaient que la légitime était, en droit romain, une portion des biens du père attribuée à l'enfant en cette seule qualité, et qu'en passant dans notre législation coutumière, elle avait conservé sa nature et son caractère particulier. Les autres soutenaient, au contraire, que la légitime était une portion de l'hérédité et qu'il fallait être héritier pour la recueillir; ce qui

n'empêchait point que le renonçant pouvait la conserver quand il l'avait déjà reçue de la libéralité de son
auteur. Ces deux partis invoquaient également des
décisions de la jurisprudence. Dans le premier se ran-
geaient Berroyer, Pothier, Furgole, Merlin; dans le
second, Dumoulin, Guy-Coquille, Ricard, Lebrun et
tous les autres auteurs qui avaient écrit sur cette
matière.

Quelques auteurs modernes ont présenté l'une ou
l'autre de ces deux opinions comme ayant exclusivement régné dans notre ancienne jurisprudence.
Il en est d'autres qui ont bien mentionné la controverse si longtemps agitée à ce sujet, mais qui se
sont hâtés de la trancher et ont présenté la solution
qu'ils avaient préférée comme ayant complètement
triomphé sous l'empire de notre ancienne législation.
Cette méthode est commode sans doute, mais en
revanche bien périlleuse. Cette longue controverse si
ardente, qui n'a jamais été vidée, est le fait capital dont
on doit tenir compte, quand on veut puiser dans
notre ancien droit un motif de décision pour cette
même question si controversée sous l'empire de notre
législation moderne. Pour nous, historien avant tout,
nous ne rechercherons point lequel des deux partis se
trouvait dans l'erreur; car la longue coexistence de
ces deux systèmes les a élevés l'un et l'autre, à nos
yeux, à la hauteur de théories juridiques également
respectables. Nous nous attacherons seulement à en
faire connaître la source et les principes, et à rechercher comment ils justifiaient l'un et l'autre la disposi-

4

,tion de la novelle 92, également adoptée par les deux partis.

Le premier de ces deux systèmes ne différait en rien de celui que nous avons développé dans notre dissertation de droit romain. Ses partisans alléguaient que, la légitime étant une institution romaine, elle devait conserver la nature et le caractère que lui donnait le droit écrit.

Les partisans du second système étaient mal fondés à soutenir que la légitime était une portion de l'hérédité en droit romain. Leur théorie avait pris naissance dans le droit coutumier. Il est un fait bien remarquable qui le prouve jusqu'à l'évidence. Dumoulin disait dans son *Commentaire de la coutume de Paris : Apud nos, non habet legitimam nisi qui hœres est.* Au contraire, il déclare de la manière la plus formelle, dans deux de ses consultations, que l'enfant a le droit de réclamer sa légitime, malgré sa renonciation à l'hérédité paternelle, en vertu de sa seule qualité d'enfant. Cette contradiction apparente s'explique parfaitement, si l'on fait attention que le jurisconsulte donnait sa première décision sous l'empire du droit coutumier, tandis qu'il donnait ses consultations sur des espèces qui devaient être régies par le droit écrit.

Voici quels sont l'origine et les principes fondamentaux du second système que nous appellerions volontiers théorie coutumière de la légitime de droit écrit:

A Rome, le père de famille pouvait priver ses enfants du titre d'héritier. Lorsqu'on voulut les protéger contre les dispositions inofficieuses de leur auteur, on fut obligé de leur attribuer le secours qu'on voulait leur accorder, à titre d'enfant, seule qualité dont ils ne pouvaient pas être dépouillés. En France, au contraire, le père n'avait pas le droit d'enlever à ses enfants le titre d'héritier. Aussi, lorsque la loi voulut leur assurer des droits sur le patrimoine paternel, elle les leur conféra à titre de succession. Les jurisconsultes coutumiers s'habituèrent ainsi à considérer, comme faisant partie de l'hérédité, tous les droits attribués aux enfants sur le patrimoine de leurs parents et à ne pas distinguer en eux ces deux qualités toujours confondues d'enfant et d'héritier. Lorsque la légitime romaine fut introduite dans notre législation coutumière, les jurisconsultes, habitués à ses principes particuliers, considérèrent ce nouveau droit, accordé aux enfants sur le patrimoine de leur père, comme une partie de la succession réservée aux héritiers.

La légitime est une portion de l'hérédité du père de famille; tel est le principe que répètent nos auteurs coutumiers; mais il ne faut pas se méprendre sur la signification qu'ils y attachent. Cette proposition, dans leur bouche, ne signifie point que la légitime est nécessairement et toujours une portion de sa succession et qu'elle ne peut être transmise aux ayants-droit qu'à titre d'hérédité. Ce qui le prouve, c'est qu'ils ne repoussent point la décision de la novelle 92, et permettent au donataire en avancement d'hoirie qui renonce, de retenir sa légitime en vertu seulement de son titre de donataire. Quand les jurisconsultes coutumiers disent que la légitime est une partie de l'hérédité, ils entendent seulement par là que, si les enfants n'ont pas reçu leur légitime par donation ou legs, ils doivent se porter héritiers pour la recueillir, et que leur qualité d'enfant ne suffit point pour leur donner le droit de la recueillir.

En résumé, voici les principes de la théorie adoptée par la plupart des jurisconsultes coutumiers. La légitime est la partie du patrimoine d'une personne, que la loi assure à ses enfants. Ceux-ci ne pouvant être privés du titre d'héritier recueillent ont leur légitime en cette qualité ; celle d'enfant ne leur suffirait point, s'ils renonçaient à la succession paternelle. La légitime peut cependant leur être attribuée par les autres moyens de transmissions à titre gratuit que la loi met à la disposition du père.

Quelle différence et quelle conformité y a-t-il entre la théorie romaine et la théorie coutumière de la légitime de droit écrit ? Le voici. Sous l'empire de l'une et de l'autre, la légitime peut être attribuée à chaque enfant par tous les moyens de transmission à titre gratuit ; c'est en cela que les deux théories sont conformes. Mais si, à la mort de son auteur, l'enfant n'a pas reçu sa part légitimaire, l'une ne lui permet de la réclamer qu'en fesant valoir son titre d'héritier, l'autre, au contraire, la lui assure en vertu de sa seule qualité d'enfant ; c'est en cela qu'elles diffèrent. La seule différence pratique qui en résulte, c'est que, sous l'empire du droit coutumier, la renonciation à la succession fait perdre au successible tout droit à la légitime ;

tandis qu'en droit romain l'héritier conservait, malgré son abstention, le droit de réclamer aux donataires entre-vifs la portion de la légitime qu'il n'aurait pu recueillir dans la succession abandonnée.

Ces deux théories étaient parfaitement d'accord, comme l'on voit, sur le principe qui sert de base à la décision de la novelle 92. Ainsi donc les partisans de la théorie coutumière disaient comme leurs adversaires : un fils de famille, qui a reçu de son père une donation considérable, renonce à la succession de son auteur qui lui est dévolue. Que peut-il retenir sur la libéralité qui lui a été faite? Sa légitime d'abord. Cette légitime, en effet, a pu lui être transmise par donation; c'est bien, d'ailleurs, la première chose qu'il doive retenir, car il est à présumer que le père a voulu lui assurer d'abord ce que la loi l'obligeait à lui donner. Le renonçant pourra retenir ensuite la portion disponible du patrimoine paternel, dont son auteur pouvait disposer à son gré. Il pourra donc cumuler et la portion disponible et sa part de légitime.

Et d'ailleurs, comment pourrait-il en être autrement? Quand un héritier renonce, pour s'en tenir au don en avancement d'hoirie qu'il a reçu, il se trouve dispensé du rapport, et n'est tenu de rendre à ses cohéritiers que ce qui est nécessaire pour leur fournir leur légitime.

Or, quel en est le montant? Comment se calcule-t-elle? En renonçant à la succession de son auteur, le donataire n'a pas renoncé à sa légitime, qui peut lui être transmise de toute autre manière et qu'il possédait déjà. On ne peut donc nier qu'il ne fasse nombre pour le calcul de la légitime; et, s'il en est ainsi, lorsqu'il aura fourni à ses cohéritiers les parts qu'ils doivent y prendre, il restera entre ces mains sa propre portion, en sus de sa quotité disponible.

Ainsi donc, sous l'empire de notre ancien droit coutumier, lorsqu'un héritier, qui avait reçu une donation en avancement d'hoirie considérable, renonçait à la succession de son auteur, et se trouvait ainsi dispensé du rapport, son droit de rétention était différent suivant que ses cohéritiers réclamaient leur légitime de droit écrit ou leur réserve coutumière.

Dans la première hypothèse, l'héritier renonçant pouvait retenir et la portion disponible du patrimoine paternel et sa portion de légitime cumulées.

Dans la seconde, au contraire, il ne pouvait retenir que la portion disponible et n'avait aucun droit sur la réserve.

Les motifs de ces deux dispositions différentes nous sont actuellement bien connus.

L'héritier renonçant, dispensé du rapport, pouvait retenir sa part de légitime, parce qu'elle pouvait lui être transmise par voie de donation. Sa renonciation à l'hérédité, d'ailleurs, n'impliquait point renonciation à la légitime, quand il avait déjà reçu une libéralité de son auteur. Il faisait nombre en conséquence pour le calcul de cette légitime; et quand il avait fourni à ses cohéritiers leur part et portion personnelle, seule valeur qu'ils eussent le droit de lui réclamer, il restait entre ses mains et la portion disponible et sa part de légitime.

Lorsque ses cohéritiers, au contraire, réclamaient la réserve coutumière, ils pouvaient la revendiquer tout entière, puisqu'elle était dévolue à chacun d'eux pour le tout. Le renonçant ne pouvait retenir sa portion, puisque son titre de donataire était impuissant à la lui assurer ; il ne pouvait non plus la réclamer puisqu'il s'était dépouillé du titre d'héritier, qui seul y donnait droit.

Tous nos auteurs coutumiers reproduisent cette doctrine. Nous l'avons déjà vu formuler par Ricard ; écoutons Pothier : « Cette légitime ou réserve coutumière, dit-il, est accordée aux héritiers principalement *en tant qu'héritiers*, à la différence de celle de droit qui est accordée aux enfants *en tant qu'enfants ;* d'où il suit qu'encore que les enfants en tant qu'enfants puissent avoir leur légitime de droit, au moins par voie de rétention sur les choses qui leur auraient été données ou léguées, néanmoins, les héritiers présomptifs de la ligne, s'ils n'ont accepté la succession, ne peuvent retenir aucune part, même *par voie de rétention*, de ce qui appartient en entier à ceux de la ligne qui se sont portés héritiers. »

DROIT FRANÇAIS.

L'héritier, qui renonce, ne peut retenir les dons en avancement d'hoirie qu'il a reçus, que jusques à concurrence de la portion disponible seulement.

Nous nous proposons d'examiner, en droit français, la question que nous avons déjà discutée sous l'empire des anciennes législations romaine et coutumière. Elles sont l'une et l'autre les sources où a puisé notre loi moderne. Des deux systèmes contraires qu'elles consacraient, quel est celui que nos législateurs ont adopté ? C'est là toute la difficulté que nous avons à résoudre.

Et d'abord, l'héritier, qui renonce, est-il soumis au rapport de ses dons en avancement d'hoirie ?.

Nous avons vu que la loi romaine lui permettait de les retenir, et que la plupart de nos coutumes avaient fini par adopter cette disposition. Un petit nombre seulement, les coutumes d'égalité parfaite, ne s'étaient jamais écartées du vieux principe de notre ancienne législation française, et avaient toujours exigé le rapport du don en avancement d'hoirie, malgré la renonciation de l'héritier qui l'avait reçu.

La loi du 17 nivôse an II ne pouvait manquer,

avec ses tendances égalitaires, de sanctionner en cette matière, comme dans presque toutes les autres, les prin..ipes des coutumes d'égalité parfaite.

Notre Code a adopté la disposition contraire. L'art. 845 s'exprime ainsi : « L'héritier, qui renonce à la succession, peut cependant retenir le don entre-vifs, ou réclamer le legs à lui fait, jusqu'à concurrence de la portion disponible. » Cette disposition ne nous paraît pas à l'abri de toute critique, et la doctrine qu'enseignait Dumoulin dans son *Commentaire sur la première Coutume de Paris*, nous semble plus conforme à la raison et à l'esprit général de nos lois. Il nous paraît facile de le démontrer.

Lorsqu'un père de famille fait un don en avancement d'hoirie à l'un de ses héritiers présomptifs, c'est dans l'espérance que le donataire acceptera sa succession, et rapportera à la masse de l'hérédité la libéralité qu'il reçoit. Cette pensée est la cause déterminante de sa donation, une espèce de condition qu'il y appose tacitement. Si elle vient à défaillir par la volonté du donataire, la donation ne devrait plus produire son effet. C'est ce que dirait sans doute encore Dumoulin sous l'empire de notre législation moderne.

En outre, le patrimoine d'une personne se divise en deux parts : la réserve et la quotité disponible. Chacun peut disposer à son gré de cette dernière, même à titre gratuit ; mais la loi seule dispose de la première, après la mort du propriétaire, en l'attribuant par voie de succession à ses héritiers légitimes ; le propriétaire lui-même ne peut en disposer à titre gratuit que pour sa vie durant. Ces principes recevront plus tard la démonstration la plus péremptoire. Or, le père qui fait un don en avancement d'hoirie ne donne point sur sa quotité disponible. Sa libéralité ne peut donc produire d'effet que pendant sa vie; elle doit donc être rapportée, après sa mort, à la masse de la succession.

Cette disposition de l'art. 845 est non-seulement contraire aux principes juridiques les plus évidents, elle est encore en opposition directe avec l'esprit de notre législation, si l'on considère l'étendue attribuée au droit de rétention.

Que pourraient, en effet, répondre les législateurs de l'an XII à celui qui leur dirait : Quoi donc! ce que vous désirez, c'est le maintien de l'ordre légal des successions; ce que vous voulez et ce que la raison exige impérieusement, c'est le maintien de l'égalité entre les enfants d'un même père; et vous allez permettre à un héritier de renverser cet ordre légal et de rompre à son gré cette précieuse égalité!.... Que vous laissiez à la disposition de chaque citoyen une quote-part de son patrimoine, que vous lui permettiez d'en enrichir un de ses héritiers au détriment des autres, nous le comprenons et l'admettons sans doute; car il paraît difficile d'empêcher le père de récompenser les services et les bienfaits qu'il peut avoir reçus de quelques-uns de ses enfants, de réparer les inégalités produites entre eux par la nature ou le sort, et même de satisfaire ses prédilections plus ou moins légitimes! Mais que vous permettiez à un héritier de retenir, en vertu de sa seule volonté, une plus forte portion du patrimoine paternel que ses cohéritiers enfants du même père, c'est une disposition dont il vous est impossible de donner la raison d'être, et qui est directement contraire au principe d'égalité, base fondamentale de la loi française, en matière de succession !

Et que l'on ne nous réponde pas pour eux que l'auteur commun l'a sans doute ainsi voulu, puisqu'il a donné à l'un de ses héritiers une valeur plus considérable que sa part de succession. — Si le donateur a fait une libéralité si considérable, c'est qu'il s'est mépris sans doute sur la valeur du patrimoine qu'il pouvait laisser à ses enfants. D'ailleurs, la preuve évidente qu'il n'a pas eu la volonté qu'on lui suppose, c'est qu'il ne l'a pas manifestée, comme il le pouvait si facilement, en donnant à cet héritier par préciput et hors part.

Quoi qu'il en soit, la loi a parlé, nous devons nous incliner devant l'expression de sa volonté. Nous devons reconnaître que l'héritier qui renonce peut retenir le don qu'il a reçu jusques à concurrence de la portion disponible. Mais cette disposition est-elle limitative, ou bien faut-il reconnaître encore à l'héritier renonçant la faculté de retenir en outre sa part dans la réserve? Telle est la seule question que nous ayons à examiner.

Nous présenterons d'abord un exposé rapide des différentes opinions émises sur cette difficulté, tant par la doctrine que par la jurisprudence. Ce sera l'objet d'un premier paragraphe. Nous en consacrerons un second à discuter dogmatiquement la question.

§ 1er. — *Historique des opinions émises par la doctrine et la jurisprudence.*

La question qui nous occupe, si importante, si débattue et de nature à s'élever si fréquemment au sein des familles, ne s'est présentée cependant pour la première fois, devant la Cour suprême, que dans l'année 1818. Mais la doctrine l'avait déjà soulevée et résolue en sens divers.

1° M. Chabot, dans son commentaire sur les successions, avait soutenu que l'héritier renonçant pouvait retenir à la fois et la quotité disponible et sa part de réserve.

M. Chabot disait : L'héritier qui renonce, et se trouve par là dispensé du rapport, peut retenir la portion disponible; l'art. 845 lui en donne formellement le droit. Il peut retenir encore sa portion de réserve. Notre réserve, en effet, n'est pas autre chose que l'ancienne légitime romaine, c'est-à-dire un privilège, un secours accordé aux enfants en vertu de cette seule qualité, et abstraction faite du titre d'héritier. L'héritier renonçant peut donc retenir sa réserve sous l'empire de notre législation moderne, comme il pouvait retenir sa légitime sous l'empire du droit romain.

Que la réserve ne soit pas autre chose que la légitime romaine, c'est ce qu'il est facile de démontrer. Sur l'art. 921 du Code s'éleva, au sein du Conseil d'Etat, la question de savoir si les créanciers pourraient profiter de la réduction opérée. Les uns soutenaient l'affirmative, en disant que les enfants ne pouvaient demander la réduction qu'à titre d'héritiers, qu'ils faisaient ainsi rentrer les biens donnés dans la masse de la succession, et qu'on ne pouvait dénier aux créanciers de cette succession le droit de venir les y prendre pour se remplir de ce qui leur était dû. Ceux, au contraire, qui soutenaient la négative, objectaient que les créanciers ne pouvaient profiter de la réduction, parce que ceux qui l'obtenaient n'agissaient qu'en vertu de leur qualité d'enfants, et par conséquent ne faisaient point rentrer dans la masse de la succession les biens qu'ils enlevaient aux donataires. La majorité du Conseil se prononça d'abord dans le premier sens ; mais, sur la demande du tribunat, elle adopta plus tard l'opinion contraire qui se trouve aujourd'hui formulée dans l'art. 921. Il est donc bien certain que, dans la pensée du législateur, la réserve moderne n'est que l'ancienne légitime romaine.

2° M. Grenier, dans son *Traité des Donations*, décide aussi que l'héritier qui renonce peut retenir et la portion disponible et sa part de réserve cumulées.

M. Grenier tâche d'établir ainsi son opinion : Tout le monde reconnaît que l'héritier qui renonce peut retenir sur le don en avancement d'hoirie, qu'il a reçu de son auteur, la quotité disponible ordinaire. Peut-il y joindre sa part dans la réserve? On soutient la négative, sous prétexte que l'art. 845 lui accorde seulement la faculté de retenir la quotité disponible. Nous répondrons facilement que l'art. 845 n'a pour but et pour effet que de permettre au renonçant de retenir la quotité disponible, et ne s'occupe nullement de la question de savoir s'il a le droit de retenir sa part dans la réserve.

Cette objection écartée, la question ne me paraît pas susceptible de difficulté. Notre théorie de la réserve est celle de la légitime de droit écrit adoptée par nos jurisconsultes coutumiers, et qui permettait à l'héritier renonçant de retenir par exception et la portion disponible et sa part dans la réserve.

Et en effet, la loi, qui fait un devoir au père de famille de laisser à chacun de ses enfants sa part dans la réserve, ne lui défend pas sans doute de la lui transmettre par anticipation, par la voie de la donation entre-vifs. Or, l'enfant qui possède déjà en vertu d'un juste titre sa part de réserve, n'a pas besoin de prendre la qualité d'héritier pour la réclamer; il a le droit de la retenir en renonçant à la succession. — En outre, il résulte de l'art. 913 qu'une personne peut disposer de toute sa fortune, pourvu qu'elle laisse à ses enfants la réserve que la loi leur assure. Elle peut donc valablement donner à l'un de ses héritiers présomptifs et la portion disponible ordinaire et sa part de réserve, attendu qu'en agissant ainsi elle ne porte pas atteinte à la réserve de ses autres enfants. Ceux-ci d'ailleurs ne peuvent s'y opposer, puisque le seul droit que la loi leur accorde, c'est de faire réduire les donations entre-vifs jusqu'à concurrence de ce qui est nécessaire pour leur fournir leur propre réserve.

Il est donc surabondamment établi que la théorie de notre législation n'est autre que la théorie de la légitime de droit écrit, telle qu'elle se trouvait établie dans nos pays de coutumes.

MM. Chabot et Grenier ne différaient aucunement, comme l'on voit, sur la question qui nous occupe. Seulement, le premier voulait voir dans notre réserve l'ancienne légitime romaine, tandis que le second croyait y retrouver la légitime de droit écrit, telle qu'elle était comprise par le plus grand nombre des jurisconsultes coutumiers. Cette divergence d'opinion ne pouvait avoir d'effet que sur une question qui se trouve en dehors de notre sujet.

3° Cependant, une opinion diamétralement opposée avait déjà été émise par M. Toullier, dans son *Cours de Droit civil*, et par M. Merlin, dans ses *Questions de Droit*, v° Réserve. Ces jurisconsultes soutenaient que l'héritier qui renonce à la succession perd tout droit dans la réserve, et ne peut conserver le don qu'il a reçu que jusques à concurrence de la quotité disponible seulement. Nous allons présenter rapidement les principes fondamentaux de ce système que nous admettons parfaitement, nous réservant de le développer et de l'établir solidement plus tard.

La réserve de notre Code n'est autre chose que l'ancienne réserve coutumière. Nous allons voir les mêmes principes ressortir des dispositions de notre loi moderne.

Notre Code n'admet que deux modes de transmission à titre gratuit, les successions et les donations entre-vifs ou testamentaires. Les art. 745 et 724 établissent que tous les biens du défunt passent à ses enfants par voie de succession. L'art. 913 défend au père de disposer, par voie de donations entre-vifs ou testamentaires, d'une portion de ses biens supérieure à la quotité qu'il établit, en la fesant varier suivant le nombre des héritiers.

De ces principes législatifs il résulte que tous les biens qui ne sont pas compris dans la quotité, dont l'art. 913 permet au père de disposer par donation, sont indisponibles pour lui à titre gratuit, et doivent nécessairement être transmis à ses héritiers par voie de succession. En conséquence, les donations en avancement d'hoirie, et les dons faits à des étrangers ou à des héritiers à titre de préciput, lorsqu'ils excèdent la quote disponible, doivent être considérés comme non avenus, retomber dans la masse de la succession, et être transmis à titre d'hérédité aux successibles du donataire.

Ces biens, qui ne peuvent être transmis que par voie de succession, sont ce que l'on appelle la réserve. La réserve n'est donc autre chose que la succession, et tous les principes de cette dernière lui sont applicables. Ainsi donc, la réserve est attribuée à tous les héritiers collectivement et à chacun pour le tout. L'héritier qui se dépouille de cette qualité en renonçant à la succession, ne peut prendre part à la réserve (art. 785).

Ces principes vont nous donner la solution de notre question. Lorsqu'un héritier présomptif, qui a reçu un don en avancement d'hoirie considérable, renonce à la succession de son auteur, il peut retenir de cette

libéralité une valeur égale à la portion disponible ;
l'art. 845 l'y autorise. A-t-il, en outre, la faculté de
retenir sa part dans la réserve? Evidemment non. Et
en effet, tout ce qui excède la portion disponible, soit
qu'on le considère comme donation en avancement
d'hoirie, soit qu'on le regarde comme donation faite à
un étranger, doit rentrer dans la masse de la réserve.
Or, le renonçant ne peut venir réclamer sa part dans
cette succession, ni à titre de donataire, puisque cette
qualité n'y donne point droit, ni à titre d'héritier,
puisqu'il ne le possède plus, s'en étant volontaire
ment dépouillé.

Tel était l'état de la doctrine lorsque la question
s'est présentée pour la première fois devant la cour
suprême, dans la célèbre affaire Laroque de Mons.
Laroque de Mons fils aîné avait reçu de sa mère, par
contrat de mariage, donation de la presque totalité
des biens qu'elle possédait, mais à titre particulier
cependant et sans dispense de rapport. A la mort de
sa mère, le donataire répudia sa succession, et pré-
tendit garder cumulativement et la quotité disponible
et sa part dans la réserve. Les frères puînés lui dé-
niaient le droit de prendre part à la réserve, à cause
de sa renonciation. Le tribunal de Périgueux et la
cour de Bordeaux se prononcèrent contre le cumul.
Arrivée devant la cour suprême, l'affaire souleva les
débats les plus sérieux et les plus approfondis.

En faveur de Laroque de Mons fils aîné, on invo-
qua l'autorité de M. Grenier et les arguments qu'il
avait fait valoir; on en tira un nouveau de l'art. 924;

5

on produisit enfin une consultation de M. Proudhon, le célèbre doyen de la faculté de Dijon.

Un père qui a plusieurs enfants, disait M. Proudhon, peut-il réduire les uns à leur légitime ou à leur réserve, en donnant le surplus à l'autre? Quel homme raisonnable oserait le nier, puisque, en laissant à chacun des autres héritiers sa part dans la réserve, on ne transgresse nullement la volonté du législateur, et qu'il est évident que, pour un enfant, tout est disponible à l'exception de la réserve des autres.

Le conseiller, rapporteur dans cette affaire difficile, M. Porriquet, avait pris part, en l'an VIII, aux travaux de la commission qui avait préparé le projet du Code civil connu sous le nom de projet Jacqueminot. Il présenta à la cour un lumineux rapport, qui restera comme un modèle de discussion et de logique, où il établit solidement le système que nous avons développé nous-même ci-dessus et réfute les arguments présentés par MM. Grenier et Proudhon, ainsi que celui que l'on avait été puiser dans l'art. 724. La cour, après délibéré, adoptant de tous points la doctrine de son rapporteur, rendit un arrêt remarquable, dans les considérants duquel elle établit avec une rigoureuse logique et la plus merveilleuse clarté, que l'héritier qui renonce ne peut retenir que la quotité disponible ordinaire, et ne conserve aucun droit sur sa réserve.

La sensation fut grande, dans le monde juridique, à l'apparition de cet arrêt. Bon nombre de cours d'appel se rangèrent immédiatement à cette jurisprudence, qui se présentait non-seulement avec l'autorité puissante de la cour régulatrice, mais surtout avec l'autorité plus puissante encore de la logique et de la raison. Quelques-unes cependant résistèrent encore, et, dominées par le souvenir de l'ancienne jurisprudence où la légitime était individuelle, elles persistèrent à juger que les cohéritiers du renonçant n'avaient plus rien à réclamer dès l'instant qu'ils avaient obtenu leur part dans la réserve.

L'un des plus remarquables arrêts qui aient jugé dans ce sens est celui qui fut rendu par la cour de Toulouse, sur les conclusions de l'avocat général Chalret-Durieu. Ce magistrat présenta sous une forme plus directe un argument qu'avaient déjà fait valoir MM. Grenier et Proudhon. La loi ne définit pas la quotité disponible, dit-il, mais la raison supplée au silence de la loi. On doit entendre par quotité disponible tout ce dont une personne peut disposer sans ébrécher la part de ses héritiers à réserve autres que le donataire. C'est ce que prouvent les art. 921 et 922 du Code Napoléon.

Cependant la doctrine paraît, dès ce moment, se prononcer contre le système du cumul. Chabot et Grenier semblèrent se rétracter ; et tous les auteurs, ou à peu près, qui ont écrit depuis, se sont rangés à l'opinion de l'arrêt Laroque de Mons. Parmi ceux qui ont écrit dans ce sens, le premier peut-être fut un professeur, jeune alors, qui devait acquérir depuis une autorité si imposante, M. Delpech de la faculté de Toulouse. Dans une belle dissertation insérée au *Mémorial de Jurisprudence*, de M. Tajan, il commençait par établir, avec sa logique habituelle, la théorie formulée par la Cour de cassation, et, dans une seconde partie, il examinait une difficulté accessoire, sur laquelle l'arrêt de 1818 n'avait pas statué, et qui allait entraîner la jurisprudence dans une série d'erreurs qui ont abouti au renversement complet de la théorie consacrée par l'arrêt Laroque de Mons. Voici quelle est cette difficulté.

Les libéralités qui doivent être prises sur la quotité disponible, lui sont en somme quelquefois supérieures en valeur. Dans ce cas, celles qui ne peuvent être imputées sur le disponible sont déclarées caduques. Quel rang doit-on assigner, relativement à cette imputation, aux dons en avancement d'hoirie, dont la loi a changé la nature et les effets, par suite de la renonciation de l'héritier qui les avait reçus ? Est-ce le rang que leur assigne leur date, ainsi que cela paraît résulter de l'art. 923 ?

En adoptant cette solution, on compromet singulièrement la faculté accordée au père de famille de disposer à son gré d'une partie de son patrimoine. On enlève toute sanction à la magistrature morale que la loi confie au père au sein de la famille ; enfin, on fait naître entre les frères les mésintelligences les plus graves et les plus persistantes. Et, en effet, lorsqu'une personne aura voulu, au moment de sa mort, répandre quelques bienfaits, soulager quelques infortunes, et même récompenser quelques services reçus, il dépendra de ses enfants préalablement dotés, de rendre vaines les libéralités qu'elle aura faites dans ce but. Lorsqu'une personne voudra avantager un de ses enfants, il ne dépendra souvent que d'un frère préalablement doté, de rendre ce désir inefficace et impuissant, en renonçant à la succession de l'auteur commun. Et ces renonciations seront presque toujours le fruit d'un caprice ou d'une haine, de la fraude ou de la connivence.

M. Delpech faisait disparaître ces inconvénients sans nombre en en détruisant la source; il établissait que les dons en avancement d'hoirie, métamorphosés par l'effet de la renonciation du donataire, ne devaient être imputés sur la quotité disponible que postérieurement à toutes les libéralités faites à des étrangers et à des héritiers à titre de préciput. Ce système a été reproduit récemment par M. Marcadé.

Cependant la jurisprudence ne crut pas pouvoir échapper à la disposition de l'art. 923; mais, en le subissant, elle n'eut pas le courage d'en accepter les conséquences funestes; elle voulut les éluder ou les pallier du moins. Ce désir l'engagea dans la fausse route qui l'a conduite au renversement complet du système, qu'elle avait d'abord adopté sur la question du cumul. Il importe, afin de bien apprécier la marche qu'elle va suivre, de recueillir toutes ses décisions importantes, jusqu'au moment où le système qu'elle va produire sera définitivement constitué.

Le 30 juin 1826, la question se présentait pour la première fois, à notre connaissance du moins, devant une Cour d'appel. Celle de Grenoble décida que l'héritier préciputaire prendrait la quotité disponible, préférablement à l'héritier renonçant, mais que celui-ci conserverait cependant sa part dans la réserve. Cette décision était conforme à celle que donnaient les auteurs coutumiers, sous l'empire des coutumes d'égalité parfaite, et fondée, sans doute, sur les mêmes motifs. L'héritier qui avait reçu le don en avancement d'hoirie n'avait renoncé que dans l'espérance, et même, en quelque sorte, sous la condition de prendre la quotité disponible; or, la condition ne pouvant être accomplie, la renonciation devait être considérée comme non avenue, et le renonçant devait prendre sa part dans la réserve. C'était, à notre avis, un premier pas fait dans la voie de la vérité. Malheureusement, la jurisprudence abandonna bientôt cette route.

Sur ces entrefaites, le 6 juillet 1826, était rendu le célèbre arrêt Saint-Arroman, que l'on a présenté comme ayant influé sur la question qui nous occupe. C'est ce que nous n'avons jamais pu comprendre. Il s'agissait de savoir si l'héritier acceptant devait rapporter fictivement à la masse de la succession les dons qu'il avait reçus en avancement d'hoirie pour opérer le calcul de la quotité disponible. On prétendait qu'il n'y était pas tenu, puisque l'art. 857 déclarait que l'héritier ne devait pas le rapport aux donataires ni aux légataires; la Cour de cassation elle-même l'avait ainsi décidé à trois reprises différentes. Cependant, sur la résistance prolongée des cours d'appel, intervint, chambres réunies, le fameux arrêt Saint-Arroman qui

décida que l'art. 857 ne s'appliquait qu'au rapport réel
que l'héritier ne devait pas effectivement aux donataires et légataires, mais que l'art. 922 lui imposait
la réunion fictive de ses dons en avancement d'hoirie
à la masse de la succession pour faire le calcul de la
quote disponible.

Nous ne saurions comprendre comment cet arrêt
sape, par sa base, l'arrêt Laroque de Mons, ainsi que
le prétend M. G. Demante. Sans doute, il en résulte
implicitement que, lorsqu'un héritier accepte la succession, le don en avancement d'hoirie qu'il a reçu doit
s'imputer d'abord sur la réserve et subsidiairement
seulement sur la quotité disponible. Mais lorsque
l'héritier *renonce*, en est-il de même? C'est là toute la
difficulté qui nous divise, et l'arrêt Saint-Arroman n'y
touche en rien. M. Dufour, sur l'autorité duquel s'appuie M. Demante, n'accuse aucune contradiction entre
les deux arrêts de 1826 et de 1818; il signale seulement une opposition entre la théorie de l'arrêt Laroque
et l'art. 857. Cette contradiction, qui n'existe pas
d'ailleurs dans le système de M. Delpech, nous paraît
facile à expliquer, en admettant, avec M. Dufour, que
la rédaction de l'art. 857 est trop absolue.

La Cour de Montpellier a voulu voir dans cet arrêt
Saint-Arroman la théorie qu'elle a consacrée elle-même
dans l'arrêt Mourgues. Nous démontrerions facilement
son erreur si nous ne craignions que cette digression
ne nous entraînât trop loin. Il suffira, d'ailleurs, à
chacun, pour s'en convaincre, de lire attentivement
l'arrêt Mourgues lui-même.

M. Coin-Delisle nous paraît aussi s'alarmer à tort, lorsqu'il croit voir le germe de la théorie nouvelle qui va surgir dans cette définition des dons en avancement d'hoirie donnée par l'arrêt Saint-Arroman : « Les avancements d'hoirie ne sont, en réalité, que des remises anticipées des parts que les donataires successibles doivent recueillir dans la masse de la succession. » Cette proposition nous paraît vraie et point du tout contraire à notre théorie. Oui, l'avancement d'hoirie est la remise anticipée de la part de l'héritier dans la succession. Mais ce titre suffit-il pour permettre à l'héritier de le retenir après la mort du donateur? Voilà la question qui n'est pas résolue par l'arrêt Saint-Arroman ; et tant qu'elle ne le sera point, notre difficulté, qui consiste à savoir s'il faut être héritier pour prendre part à la réserve, restera intacte.

Mais reprenons l'examen des arrêts qui se réfèrent directement à notre question.

Dès le 22 janvier 1827, la Cour de Grenoble décidait dans une affaire où l'héritier renonçant ne se trouvait pas en concours avec un héritier préciputaire ni un donataire étranger, que le renonçant retiendrait sa donation jusqu'à concurrence de la quotité disponible, mais qu'il l'imputerait d'abord sur sa réserve et sur la portion disponible pour l'excédant seulement.

Le 22 février suivant, dans une affaire où se trouvaient cette fois en présence, un héritier qui avait reçu le premier un don en avancement d'hoirie et renonçait, et un second héritier qui avait reçu postérieurement un don préciputaire, la même Cour de Grenoble décidait que le renonçant retiendrait sa donation jusqu'à concurrence de la quotité disponible, mais l'imputerait d'abord sur sa part dans la réserve, et subsidiairement seulement sur la portion disponible, et que l'héritier préciputaire prendrait le reste seulement du disponible à titre de préciput.

Une affaire semblable se présenta, le 17 janvier 1828, devant la Cour de Montpellier, qui la jugea absolument dans le même sens. Cet arrêt, longuement et soigneusement motivé, connu sous le nom d'arrêt Mourgues, donna le premier à la doctrine nouvelle la publicité qui lui manquait. Il fut déféré à la Cour suprême; M. Nicod en demandait la cassation, M. l'avocat général concluait aussi à l'admission du pourvoi, et cependant le pourvoi fut rejeté, dès la chambre des requêtes.

La question s'étant présentée de nouveau en 1833 devant la Cour de Nîmes, celle-ci essaya une vigoureuse protestation contre cette jurisprudence nouvelle, qui sapait celle de l'arrêt Laroque de Mons et bouleversait toute l'économie de la loi en cette matière. Elle fut fière, énergique et concluante dans ses considérants, du moins tant qu'il fût question de prouver que la donation de l'héritier renonçant ne pouvait s'imputer sur sa part de réserve. Mais quand il lui fallut décider si le disponible devait être attribué en premier lieu à l'héritier renonçant ou au préciputaire, elle fit prévaloir la priorité de date, sur la volonté du défunt, d'autant plus expresse, d'ailleurs, qu'il s'agissait d'un majorat constitué postérieurement au don en avancement d'hoirie.

Ce fait ne fut pas, sans doute, sans influence sur la décision de la Cour suprême. La chambre des requêtes admit le pourvoi à l'unanimité, et, le 24 mars 1834, la chambre civile condamna l'opinion de la Cour de Nîmes, et décida que le don en avancement d'hoirie du renonçant devait être imputé d'abord sur sa part de réserve et subsidiairement seulement sur la portion disponible. Cet arrêt est connu sous le nom d'arrêt Castille.

Ainsi, cette théorie nouvelle est définitivement consacrée par la jurisprudence de la Cour suprême. Nous devons rendre compte actuellement des arguments sur lesquels on l'a fondée. Nous examinerons ensuite quels en ont été la portée et les résultats.

Voici, en résumé, les arguments présentés par les arrêts Mourgues et Castille.

La réserve peut être transmise à un héritier par voie de donation; c'est là un titre suffisant pour la lui assurer, même après l'ouverture de la succession de son auteur. — Ce principe est la base fondamentale de cette théorie. On s'est dispensé de le formuler dans les arrêts d'une manière aussi explicite, précisément parce qu'il est implicitement contenu dans chacun de leurs considérants.

Le père qui fait une libéralité à son héritier présomptif entend certainement lui donner tout ou partie de sa portion héréditaire, lorsqu'il ne manifeste pas l'intention de faire une donation précipuaire. Or, le fils ne peut, par sa renonciation, changer la nature et les effets du don qu'il a reçu. S'il renonce, ce don représente d'abord sa part dans la réserve, et ne peut être imputé sur la quotité disponible que pour l'excédant.

Que l'on ne nous oppose pas les art. 785 et 786. Ces articles s'occupent de la renonciation pure et simple d'un héritier qui n'a rien reçu de son auteur, mais nullement de celle d'un enfant qui possède déjà sa portion héréditaire. Cette renonciation ne peut faire accroître à ceux qui acceptent la part du renonçant, puisque celui-ci la possède déjà. Les seuls effets qu'elle puisse produire, c'est de rendre le renonçant étranger au défunt, et de lui permettre à ce titre de jouir du bénéfice de l'art. 846.

On retrouve enfin, dans l'arrêt Castille, l'argument présenté par Chabot : l'enfant héritier qui renonce perd le titre d'héritier, mais non pas la qualité d'enfant. Celle-ci suffit pour lui donner droit à la réserve; et c'est la première chose qu'il doive retenir, puisque c'est là précisément ce que l'on a entendu lui donner.

La doctrine n'accepte pas en général cette théorie. Quelques auteurs, cependant, y donnèrent leur adhésion, quoique adversaires sincères du cumul; tels furent M. Coin-Delisle, qui, depuis, a reconnu son erreur, et M. Devilleneuve, qui y a persisté. Ces jurisconsultes ne trouvaient dans la jurisprudence nouvelle rien de contraire à celle de l'arrêt Laroque de Mons. La Cour de Lyon ayant, en 1836, autorisé, par l'un de ses arrêts, le cumul de la quotité disponible et de la réserve, en s'appuyant sur l'autorité de la Cour suprême, M. Devilleneuve protesta aussitôt et déclara qu'à son avis, les arrêts de 1829 et de 1834 n'avaient porté aucune atteinte à la jurisprudence prohibitive du cumul.

L'arrêt Laroque, disait M. Devilleneuve, décide que l'héritier renonçant ne peut retenir son don en avancement d'hoirie que jusqu'à concurrence de la quotité disponible; les arrêts Mourgues et Castille n'autorisent aussi le renonçant à retenir sa donation que jusques à concurrence de la quotité disponible. Il y a donc, sur la question du cumul, l'accord le plus parfait entre ces divers arrêts. Quant à la question d'imputation, la moindre contradiction n'est pas possible entre eux, puisque les deux derniers sont les seuls qui la tranchent, et que celui de 1818 n'a pas eu même à s'en occuper.

Nous ne pouvons partager à cet égard l'opinion de M. Devilleneuve, et nous pensons que les arrêts Mourgues et Castille renversent complètement la jurisprudence de l'arrêt Laroque de Mons. Sans doute, les arrêts Mourgues et Castille ne permettaient pas le cumul, qui n'était pas demandé. Mais si l'on pénètre jusqu'aux motifs qui les ont dictés, ce qui constitue le principe et la vie des décisions judiciaires, on verra que la théorie dont ils sont la conséquence conduit directement au cumul, et qu'elle est en contradiction profonde avec celle qui se trouve consacrée par l'arrêt Laroque de Mons.

En 1818, la Cour de cassation disait : La réserve est indisponible pour le père de famille; la loi seule peut la transmettre aux héritiers qu'elle désigne, à titre de succession. La réserve n'est autre chose que

l'hérédité ; celui qui renonce à la succession n'a aucun
droit à la réserve. En conséquence, l'héritier renonçant ne peut retenir que la quotité disponible. — Et
c'était bien de la quotité disponible, et non pas d'une
valeur égale que parlait la Cour.

En 1829 et en 1834, la Cour suprême nous dit,
au contraire : Le père a la faculté de transmettre à
son fils, par voie de donation, sa part dans la réserve. C'est bien sa réserve qu'il a voulu lui donner,
quand il n'a point fait de don préciputaire. Or, comme
le renonçant n'a pas le droit de changer, par un acte
de sa volonté, la nature et les effets de la donation
qu'il a reçue, il doit d'abord imputer sa libéralité sur
sa part de réserve, puisque c'est là précisément ce
que son auteur a voulu lui donner. — Dans ce système, ce ne sera pas la quotité disponible que retien-
dra le fils, mais sa part de réserve d'abord, et subsidiairement seulement une portion de la quote
disponible.

Mais ces théories ne sont-elles pas le contre-pied
l'une de l'autre ? D'après l'une, la réserve ne peut être
transmise que par la loi, à titre de succession ; d'après
l'autre, le père a la faculté de la transmettre à ses
enfants par voie de donation. Suivant la première, il
faut être héritier pour pouvoir prendre part à la réserve ; suivant la seconde, il suffit d'être donataire du
père. L'arrêt Laroque attribue au renonçant la quotité
disponible ; les arrêts Mourgues et Castille lui attri-
buent d'abord sa part dans la réserve. La contradiction est flagrante.

Et maintenant, la théorie de ces derniers arrêts ne conduisait-elle pas directement au cumul? Si le père peut transmettre à l'un de ses enfants, par voie de donation, non-seulement la portion disponible, mais encore sa part de réserve, pourquoi l'héritier renonçant ne retiendrait-il pas l'une et l'autre, quand il les aurait reçues de la libéralité de son auteur. On opposerait l'art. 845? Mais il n'est pas, dira-t-on, assez explicite. Lorsqu'en 1818 on a prohibé le cumul, ce n'est pas parce que l'art. 845 opposait une limite au droit de rétention du renonçant; c'est parce que l'on pensait que l'héritier qui renonçait à la succession n'avait aucun droit à la réserve. Aujourd'hui qu'il est démontré que le renonçant a pu recevoir par donation sa part de réserve, l'art. 845 est plutôt favorable que contraire au cumul, parce qu'il résulte des termes dont il se sert que c'est la rétention de la quotité disponible elle-même qu'il autorise.

Aussi, lorsque, en 1843, la question du cumul se présente pour la première fois depuis 1818 devant la Cour suprême, le demandeur se contente d'invoquer les arrêts de 1822 et de 1834, le défendeur n'ose combattre sa prétention, et la Cour, sans même prendre la peine de motiver son arrêt, autorise le renonçant à retenir à la fois et la portion disponible et sa part de réserve. C'est, en effet, dans les arrêts Mourgues et Castille qu'il faut aller chercher les raisons sérieuses qui peuvent être invoquées à l'appui de la décision du 17 mai 1843; car cet arrêt ne présente qu'un argument insoutenable et s'appuie sur deux articles qui lui sont directement contraires.

Quoique la doctrine ne se fût pas montrée favorable à la jurisprudence des arrêts Mourgues et Castille, elle ne les avait cependant pas attaqués avec beaucoup d'ardeur, et ne paraissait pas sentir toute l'atteinte qu'ils portaient à la jurisprudence de 1818. Mais l'arrêt de 1843 déchaîna tout-à-coup contre la Cour de cassation un orage terrible. Les plus illustres parmi les jurisconsultes s'émurent et critiquèrent avec la plus vive énergie sa décision nouvelle. Elle vit s'élever contre elle tour-à-tour MM. Pont, Lagrange, Marcadé, Valette, l'illustre professeur de Paris, enfin le savant Duvergier, qui écrivait : « Il faut que la Cour de cassation sache que son arrêt a été cassé par l'opinion publique. »

Cependant, les adversaires de la Cour suprême s'étaient trop exclusivement attachés à réfuter l'arrêt de 1843 et les faibles arguments sur lesquels il avait voulu baser la doctrine du cumul. Ils avaient négligé de réfuter en même temps la théorie des arrêts Mourgues et Castille. Le système de quelques-uns d'entre eux offrait même une prise assez forte à leurs adversaires. Leurs travaux, suffisants sans doute pour faire connaître la vérité aux esprits non prévenus, ne l'étaient point pour convaincre des adversaires déjà engagés dans la voie de l'erreur. Aussi comprenonsnous que la Cour de cassation ait persisté dans sa jurisprudence par son arrêt du 21 juillet 1846. Peutêtre en aurait-il été différemment, si la doctrine eût réfuté préalablement, comme elle pouvait le faire, les arguments nouveaux sur lesquels la Cour appuyait sa décision. Si, en effet, la décision était la même dans les deux arrêts de 1843 et de 1846, les arguments sur lesquels elle était fondée étaient fort différents.

Cet arrêt Lecesne, du 21 juillet 1846, est un modèle d'habileté de rédaction; l'erreur s'y trouve si habilement déguisée, qu'il est presque impossible de la saisir. La Cour dit : la portion disponible qui, d'après l'art. 919, peut être donnée aux enfants du donateur, est tout ce que la loi ne réserve pas à ses cohéritiers. Le droit de demander la réduction des dispositions à titre gratuit, consacré par l'art. 921, en faveur de ceux au profit desquels la loi fait la réserve, a pour but d'assurer à chacun de ceux-ci sa *part* dans ladite réserve. Il ne s'agit pas d'attribuer au renonçant le droit de prendre sa réserve sur les biens de la succession, sa part ayant accru à ses cohéritiers, en vertu de l'art. 786; le bien donné n'est pas dans la succession, et ne doit y être réuni fictivement que pour déterminer et assurer la part de chacun dans la réserve. L'enfant donataire, qui renonce à la succession de son père donateur, n'est pas tenu de subir la réduction d'une donation irrévocable de sa nature, pour faire profiter de cette réduction les héritiers de son père au-delà de leur part dans la réserve.

Enfin, en 1848, la Cour de cassation rend un troisième arrêt dans le même sens. Mais cette fois elle y met moins de façons, et se contente de nous apprendre que le droit de retenir à la fois et la quotité dis-

ponible et la réserve résulte pour l'héritier d'une conséquence de l'art. 785, que l'on trouvera consacrée
dans les art. 845, 919 et 921, pourvu qu'on les
combine.

Et maintenant, jetons un dernier coup-d'œil rétros-
pectif sur l'origine, les progrès et l'établissement
définitif de cette jurisprudence, afin de pouvoir en
apprécier la valeur.

A une certaine époque, on est vivement frappé de
l'atteinte que peut porter la renonciation des donataires
en avancement d'hoirie à la faculté laissée au père de
disposer à son gré d'une partie de sa fortune. Pour
pallier cet inconvénient, on ne craint point de déroger
à la théorie sur laquelle se trouve fondée la doctrine
prohibitive du cumul. Cette dérogation est tolérée
parce qu'elle paraît nécessaire pour atteindre un but
équitable et moral, et qu'elle ne porte pas d'ailleurs
atteinte à la décision même de l'arrêt qui prohibe le
cumul. C'est ainsi que l'on va, détruisant chaque jour
quelques-uns des principes que la Cour de cassation
avait sanctionnés en 1818, relevant quelques-unes
des erreurs qu'elle avait écrasées. Et lorsqu'en 1843,
la question du cumul se présente de nouveau, l'on
s'aperçoit que la jurisprudence de l'arrêt Laroque de
Mons est anéantie, et l'on n'ose plus y retourner, et
l'on n'ose plus abandonner la voie que l'on a si longtemps suivie, sans s'en douter peut-être!

Depuis ce revirement de jurisprudence de la Cour
de cassation, les cours d'appel sont partagées sur
cette question importante, et l'on pourrait citer à peu

près un nombre égal d'arrêts, rendus dans les deux sens.

Quelques jurisconsultes se sont encore, dans ces derniers temps, occupés de cette difficile question. Il ne nous reste plus qu'à dire un mot de leurs travaux. En 1850, un de nos savants professeurs, M. Rodière, présentait sur cette question une théorie nouvelle, que nous allons essayer de faire connaître en peu de mots. L'héritier renonçant ne peut retenir que la quotité disponible, il n'a aucun droit sur là réserve; cela est incontestable. La donation en avancement d'hoirie reçue par le renonçant, se trouvant métamorphosée, de par la volonté de la loi, en donation faite à un étranger, doit être imputée sur la quotité disponible, au rang que lui assigne sa date, ainsi que l'ordonne l'art. 923. Mais, s'il en est ainsi, la volonté du père, qui avait, postérieurement à la dotation du renonçant, donné son disponible, soit à un étranger, soit à l'un de ses héritiers, à titre de préciput, sera dénuée de tout effet. C'est là un grave inconvénient qu'il s'agirait de faire disparaître. N'y arriverait-on point en attribuant aux donataires qui devaient prendre le disponible, la part de réserve laissée vacante par la renonciation de l'un des héritiers? On assurerait ainsi l'exécution de la volonté paternelle, sans porter préjudice aux héritiers acceptants, qui ne pouvaient espérer légitimement que leur part de réserve. Cette solution est non-seulement très-avantageuse, elle est encore légale. Si la part de réserve du renonçant rentre dans la masse de la succession, c'est par l'effet d'un acte du père de famille. Il est donc juste qu'il puisse disposer à son gré d'une partie de son patrimoine, qu'il a rendue libre lui-même.

Un autre de nos professeurs, M. G. Demante, est le premier auteur qui, depuis l'arrêt Laroque de Mons, ait soutenu la doctrine du cumul. Nous nous contentons de mentionner ici sa remarquable dissertation, dont nous aurons souvent l'occasion de parler plus tard.

M. Coin-Delisle, revenant avec une noble loyauté sur une opinion qu'il avait émise dans son *Traité des Donations*, a publié dernièrement tout un volume d'études sur cette question si vaste et si pleine d'intérêt. Son ouvrage se distingue surtout par les nouveaux points de vue historiques qu'il a signalés et par le soin qu'il a mis à réfuter, jusques dans les moindres détails, la théorie des partisans du cumul. Il est à regretter qu'il n'adopte pas les idées nouvelles de MM. Marcadé et Valette, sur la question de savoir quels enfants doivent être comptés pour le calcul de la réserve.

Enfin M. Demolombe professe, dans son cours, la théorie de l'arrêt Laroque de Mons.

§ 2. — *Discussion dogmatique de la question.*

Nous connaissons actuellement toutes les théories de nos anciennes législations sur cette matière, et nous pourrons y puiser des arguments ou réfuter ceux que pensent y trouver nos adversaires, sans avoir recours à ces digressions, trop longues toujours pour ne pas entraver la marche de la discussion, trop courtes pour contenir toutes les explications et les preuves nécessaires. Nous avons recherché aussi quelles ont été les phases diverses de cette longue controverse, à laquelle, dans notre témérité, nous n'avons pas craint de prendre part. Cet exposé nous a donné le moyen de faire connaître toutes les opinions qui se sont produites, les sources d'où elles émanent, les adhérents qu'elles ont trouvés, les succès qu'elles ont remportés et la nature de leurs triomphes. Ces prolégomènes nous faciliteront beaucoup la discussion que nous allons aborder.

Un héritier présomptif a reçu de son auteur un don en avancement d'hoirie, il renonce à sa succession qui lui est déférée, que peut-il retenir sur la libéralité qu'il a reçue ?

A cette question, il a été fait trois réponses principales :

1° L'héritier renonçant peut retenir sur le don qu'il a reçu et la portion disponible et sa part de réserve.

2° L'héritier renonçant ne peut retenir sur sa donation qu'une valeur égale à la portion disponible; mais il doit l'imputer d'abord sur sa part de réserve et subsidiairement seulement sur la quotité disponible.

3° L'héritier renonçant ne peut retenir que la portion disponible du patrimoine de son auteur.

On a reproché aux partisans de cette dernière opinion d'être divisés en deux ou trois partis différents. Ils sont divisés, en effet, sur la solution qu'il faut donner aux deux questions suivantes : 1° L'héritier renonçant doit-il être compté pour le calcul de la réserve? 2° A quel rang la donation du renonçant doit-elle être imputée sur la portion disponible, lorsqu'il existe d'autres libéralités faites à des étrangers ou à des héritiers à titre de préciput. Ces deux questions se rattachent sans doute à celle que nous discutons, mais elles en sont néanmoins indépendantes et n'influent en rien sur sa solution. Aussi les partisans de la troisième opinion ci-dessus formulée sont-ils parfaitement d'accord sur toute la théorie relative à notre sujet comme sur la solution qui en est la conclusion.

Dans ce débat, trois intérêts, qui paraissent également graves et importants, militent en sens divers.

Le donataire en avancement d'hoirie s'est habitué à considérer les biens qu'il a reçus de son auteur comme lui étant irrévocablement acquis. Cette pensée l'a induit peut-être à contracter une union, à faire des dépenses, à s'imposer des charges qui dépasseraient la mesure de ses forces, s'il était obligé de rendre une trop forte part de ce qu'il tient de la libéralité de son auteur. L'on comprend donc combien est grave l'intérêt qu'a le donataire à retenir, autant que possible, des biens qu'il pensait avoir irrévocablement acquis.

D'autre part, la loi a reconnu au père la faculté de disposer à son gré d'une partie de son patrimoine. Le père a un intérêt bien sérieux à ce que l'on ne le prive pas de ce droit que la loi lui accorde. Il est donc à désirer que la solution de notre question n'y porte pas atteinte.

Enfin, les enfants d'un même père ont un grand

intérêt à ce que l'égalité soit maintenue entre eux; il
n'en est pas de plus sacré.

De ces trois intérêts, quel est celui qui a prévalu
aux yeux du législateur? M. G. Demante pense que,
de la solution donnée à cette première question dépend nécessairement l'opinion que l'on se ic ne sur la
difficulté principale. Cette remarque n'est malheureusement que trop vraie. L'interprète convaincu que telle
idée générale a présidé à la rédaction de la loi, ne
conserve plus la liberté d'esprit nécessaire pour apprécier sainement les textes qui peuvent résoudre une
difficulté. C'est ainsi qu'il est conduit à les torturer
pour leur faire exprimer ce qui est souvent bien éloi-
gné de leur signification naturelle. Nous aurons l'occasion d'en citer un exemple. Mais ce n'est pas tout encore. Il n'existe pas de moyen certain de trouver cette
première solution, dont les effets doivent être si graves. La question, en effet, répugne par sa nature
même, à un raisonnement solide et rigoureux; elle
échappe à l'empire de l'intelligence et de la logique
pour tomber presque sous celle du cœur et des senti-
ments particuliers de chacun.

Ainsi donc, commencer la discussion de la difficulté qui nous occupe par l'examen de cette question
spéciale, c'est le plus sûr moyen de s'égarer dans les
ténèbres d'une route inconnue, de perdre toute espérance et toute possibilité de s'entendre avec ses adversaires, et même de compromettre aux yeux des hom-
mes étrangers au débat l'autorité de la solution que
l'on présente. C'est un écueil que nous avons tâché

d'éviter, parce qu'il a été fatal quelquefois à de plus habiles et plus éclairés que nous.

En conséquence, nous commencerons par établir notre thèse, en nous appuyant sur les principes fondamentaux de notre législation, en matière de succession et de donation, et en faisant valoir ensuite quelques arguments de texte. Nous tâcherons, en second lieu, de réfuter les théories de nos adversaires. Nous terminerons enfin par quelques considérations générales qui nous seront peut-être utiles, et ne pourront offrir alors le moindre danger.

Établissement de notre thèse.

Nous pensons que notre législation moderne a reproduit les principes fondamentaux de nos coutumes de préciput et d'égalité en partage, sur les successions et les dispositions à titre gratuit, du moins en tant qu'ils se réfèrent à la question qui nous occupe. Voici quels étaient ces principes :

Le patrimoine du père de famille se divise en deux parties, la portion disponible et la réserve. La quotité disponible est la seule partie dont il puisse disposer à titre gratuit. La réserve doit nécessairement composer sa succession. Toutes les donations en avancement d'hoirie, qui ne perdent pas cette qualité, et les libéralités préciputaires qui ne peuvent être imputées sur la portion disponible, parce qu'elle est épuisée par des libéralités antérieures, rentrent dans la réserve au moment de la mort du père de famille, et les biens qui en font partie sont transmis aux héritiers légitimes par voie de succession. La réserve n'est autre chose qu'une succession; elle est dévolue à tous les héritiers collectivement et à chacun pour le tout; l'héritier qui renonce à la succession perd tout droit dans la réserve. — De tous ces principes il résulte que l'héritier renonçant peut conserver sur le don en avancement d'hoirie qu'il a reçu de son auteur, la quotité disponible du patrimoine de celui-ci, mais qu'il n'a plus aucun droit sur sa réserve.

Nous n'irons pas chercher, dans l'historique de la rédaction de notre loi moderne, les arguments qu'il pourrait nous fournir pour prouver que ce sont bien là les principes que le législateur de l'an XII a entendu établir dans notre Code. Nous préférons commencer immédiatement à exposer les preuves les plus concluantes que nous fournit le texte du Code lui-même.

La loi énumère les modes de transmission des biens dans les art. 711 et 712. Elle n'en cite que deux à titre gratuit, à savoir les successions et les donations entre-vifs ou testamentaires. Personne n'a jamais prétendu qu'elle en ait établi d'autres. Voyons quels sont les biens qu'un père de famille peut transmettre par l'un et l'autre de ces modes.

Tous les biens d'une personne peuvent être transmis à ses héritiers par voie de succession. Il est certain que lorsqu'une personne n'a fait aucune disposition de ses biens, ils passent tous, sans exception aucune, aux successibles désignés par la loi. L'art. 724 consacre ce principe pour les héritiers réguliers, lorsqu'il dit : « Les héritiers légitimes sont saisis de plein droit des biens, droits et actions du défunt, sous l'obligation d'acquitter toutes les charges de la succession. »

Le père de famille ne peut pas transmettre tous ses biens par voie de donations entre-vifs ou testamentaires. L'art. 913 dit : « Les libéralités, soit par acte entre-vifs, soit par testament, ne pourront excéder la moitié des biens du disposant, s'il ne laisse à son décès qu'un enfant légitime, le tiers, s'il laisse deux enfants, le quart, s'il en laisse trois ou un plus grand nombre. »

Ici nous devons faire deux remarques qui pourront paraître inutiles à ceux qui ne savent point que les principes même les plus évidents ont été méconnus dans cette discussion.

L'art. 913 fixe les limites respectives de la portion disponible et de la réserve. Or, il existe une différence capitale entre les dispositions de cet article et celles des lois romaines et coutumières, qui fixent le taux de la légitime. Celles-ci se contentent de dire que la légitime se compose de telle partie du patrimoine paternel; ou que le père doit laisser à chacun de ses enfants telle portion de son patrimoine à titre de légitime. L'art. 913 procède d'une tout autre manière ; il défend au père de famille de faire des libéralités qui excèdent la quote-part de son patrimoine, qu'il détermine, en le faisant varier suivant le nombre de ses héritiers qu'il laisse au moment de sa mort. On sent la conséquence grave qui résulte de cette différence radicale. Le père de famille pouvait jadis faire passer la légitime à ses enfants par tous les moyens de transmission reconnus par la loi; il ne peut aujourd'hui faire passer à ses enfants la réserve que la loi leur assure par voie de donations entre-vifs ou testamentaires; la disposition de l'art. 913 y met obstacle.

La disposition de cet article ne fait pas la moindre distinction; elle est, au contraire, tout-à-fait absolue. La prohibition qu'elle édicte frappe tout le monde sans exception, les enfants du disposant à l'égal de toutes autres personnes. Toutes les distinctions faites par nos adversaires nous paraîtront donc arbitraires, tant qu'ils ne nous présenteront point un texte qui modifie le texte si formel et si absolu de l'art. 913. Jusqu'à ce qu'ils nous aient indiqué cette disposition dérogatoire, nous tiendrons pour certain que le père ne peut transmettre à ses enfants par voie de donation que la quote-part de son patrimoine fixée par l'art. 913.

Et maintenant, de ces principes certains, tirons un corollaire évident. Tous les biens d'une personne peuvent être transmis par la voie des successions. Elle n'en peut transmettre qu'une partie seulement par la voie des dispositions entre-vifs ou testamentaires. En conséquence, tous les biens qui ne font pas partie de cette portion disponible et qui composent la réserve ne peuvent être transmis que par la voie des successions. La réserve n'est donc autre chose que la partie du patrimoine d'une personne qui doit nécessairement composer son hérédité; la réserve n'est autre chose que sa succession.

Si la loi a limité, pour le père de famille, la faculté

de disposer par voie de donations entre-vifs ou testamentaires, ce n'est certes point pour protéger ses intérêts; car il peut bien les sauvegarder lui-même; la prohibition de l'art. 913 n'a été édictée que dans l'intérêt des enfants. Mais, les droits de ces derniers ne s'ouvrant qu'à la mort de leur auteur, toutes les libéralités qu'il lui plaît de faire restent valables, sa vie durant, et ce n'est qu'au moment de son décès que l'on examine si elles dépassent les limites que la loi leur imposent, et qu'elles sont les conséquences de cette transgression. Ces principes se trouvent consignés dans les art. 922, 920 et 843 de notre Code.

Appliquons actuellement les principes que nous venons de développer aux libéralités faites par le père de famille.

Supposons d'abord que les donations qu'il a faites pour être imputées sur son disponible en dépassent la valeur au moment de son décès. Quel sera le sort de l'excédant? En cette occurrence, le père se trouvant avoir donné des biens que la loi déclarait indisponibles, sa libéralité ne peut avoir aucun effet, elle est considérée comme inexistante. Les biens donnés, qui ne peuvent être imputés sur la quotité disponible, rentrent de plein droit dans le patrimoine du défunt, et sont acquis par ses héritiers à titre de succession. Ces biens appartiennent aux héritiers, même avant la demande en réduction, qui est une véritable action en revendication. Si les créanciers personnels de ces héritiers voulaient se faire payer leurs créances sur ces biens, ils ne seraient point obligés d'exercer préalablement l'action en réduction, en usant du bénéfice de l'art. 1166; ils pourraient les saisir immédiatement comme se trouvant d'ores et déjà dans le patrimoine de leurs débiteurs. — Ainsi donc, les libéralités, imputables sur la portion disponible et qui se trouvent l'excéder, rentrent dans la succession du donateur au moment de sa mort. Cette application spéciale des principes que nous avons ci-dessus établis, se trouve consacrée par la loi elle-même, dans l'art. 920.

Supposons actuellement que le père de famille ait fait à ses héritiers présomptifs des dons en avancement d'hoirie, c'est-à-dire qu'il leur ait donné par anticipation tout ou partie des biens qui doivent composer leur part dans la réserve. Quel sera le sort de ces dispositions au moment du décès du donateur? Produiront-elles après sa mort le même effet que pendant sa vie ?... Nous avons vu qu'une personne ne pouvait transmettre à titre gratuit que la portion disponible de son patrimoine pour le temps où elle n'existe plus. Or, dans l'hypothèse actuelle, le disposant a déclaré lui-même que ce n'était point son disponible qu'il entendait transmettre à son héritier présomptif. Les dons en avancement d'hoirie portent donc sur des biens dont le père ne peut disposer pour le temps qui suit l'ouverture de sa succession. Ces libéralités ne peuvent, en conséquence, produire leur effet que pendant la vie de leur auteur; elles sont résolues dès le moment de son décès, et les biens qui les composent rentrent dans la masse de sa succession. — Ce principe se trouve consacré par l'art. 843, en ce qui concerne les dons

en avancement d'hoirie, reçus par les héritiers qui
acceptent la succession. Personne ne saurait le contes-
ter lorsque le rapport est fait en nature, attendu que
les biens donnés rentrent dans la masse de la succession, francs et quittes de toutes charges et hypothè-
ques, aux termes de l'art. 868. Il n'en est pas autrement lorsque le rapport est fait en moins prenant; car
si le donataire ne conservait pas les biens qu'il a reçus
à titre de succession, sa qualité d'héritier ne lui procu-
rerait aucun avantage, ne lui serait d'aucune utilité.
— Mais ce principe n'a pas été appliqué au donataire
en avancement d'hoirie, qui renonce à la succession de
son auteur. Le législateur, se fondant sur ce que le
renonçant devenait étranger à la succession paternelle,
a assimilé les libéralités qu'il a reçues aux dons adres-
sés à un véritable étranger, et lui a permis, en conséquence, de les retenir, pour les imputer sur la
quote disponible.

En résumé, toutes les libéralités imputables sur le
disponible, mais qui en excèdent le montant, toutes
les donations faites en avancement d'hoirie aux successibles présomptifs deviennent caduques au moment de
la mort de leur auteur, et les biens qui en sont l'objet rentrent dans son patrimoine pour être transmis
aux héritiers désignés par la loi, à titre de succession.
Ainsi donc, la succession, dans notre législation moderne, n'est pas seulement ce qu'une personne laisse
dans son patrimoine au moment de sa mort, c'est tout
ce dont elle n'a pas disposé ou n'a pu disposer par voie
de donations entre-vifs ou testamentaires.

Nous avons vu encore que tous les biens dont la loi
ne laissait pas la disposition au père de famille et qui
devaient être transmis à ses héritiers par la voie de la
succession composaient ce que l'on appelait la réserve.
La réserve n'est donc pas autre chose que la succession. Tous les principes relatifs aux hérédités sont
applicables à la réserve. Arrêtons-nous ici un instant
pour en rappeler quelques-uns.

La succession régulière ou proprement dite consiste
dans la transmission de la personnalité civile d'un individu à un autre. Lorsqu'un homme vient à mourir,
chacun de ses héritiers légitimes recueille sa personnalité civile, et c'est à ce titre qu'il se trouve maître
de tous ses droits actifs et soumis à tous ses droits
passifs. La personnalité civile d'un individu, c'est-à-
dire, le droit d'être considéré comme cet individu lui-
même dans la société, ne peut être transmise par partie ; aussi chacun de ses héritiers qui l'acquiert tout
entière a-t-il droit à tous ses biens comme il est soumis
à toutes ses obligations. Ce n'est que le concours de
plusieurs héritiers possédant chacun des droits égaux
qui les force à partager l'émolument et les charges de
la succession ; c'est ce que la loi romaine exprimait en
disant : *Partes fiunt concursu.* Lorsqu'un héritier renonce à la succession qui lui est dévolue, il repousse
cette personnalité civile qu'il pourrait recueillir ; il doit
en conséquence être considéré comme étranger au
défunt, par rapport à son hérédité, et privé de tout
droit sur les biens de sa succession. La loi consacre
ce principe dans l'art. 785. S'il est appelé au con-

cours avec d'autres héritiers à recueillir la succession
qui lui est déférée, ses cohéritiers n'ont pas de décrois-
sement à subir de son chef. S'il est seul appelé, la
succession est dévolue aux héritiers du degré sub-
séquent.

L'application de ces principes à la question qui nous
occupe va nous donner immédiatement la solution que
nous cherchons.

Une personne a fait à l'un de ses héritiers présomptifs un don en avancement d'hoirie. Après la mort de
son auteur, le donataire refuse sa succession qui lui
est dévolue. Que peut-il retenir sur le don en avancement d'hoirie qu'il a reçu?

Ce don devrait rentrer tout entier dans la masse de
la succession du donateur; mais la loi le considérant
comme un don fait à un étranger, imputable sur la
portion disponible, le renonçant pourra le retenir jusqu'à concurrence de cette quote-part du patrimoine
paternel. L'art. 845 consacre ce résultat.

Mais l'excédant de la donation en avancement
d'hoirie sur la quotité disponible, s'il y en a, doit
rentrer dans la masse de la succession du donateur.
Ce résultat est inévitable, soit que l'on considère la
donation comme faite à un étranger ou comme faite
en avancement d'hoirie; son titre de donataire ne
permet au renonçant de rien retenir sur cet excédant,
puisque son auteur était impuissant à transmettre,
par voie de donation, une portion de son patrimoine
plus considérable que celle qu'il possède déjà en vertu
de l'art. 845.

Cet excédant doit rentrer, disons-nous, dans la masse du patrimoine paternel pour y compléter la réserve. Le renonçant ne peut venir prendre part à la réserve, attendu qu'il s'est dépouillé du titre d'héritier qui seul y donne droit. La réserve est transmise tout entière aux héritiers qui acceptent.

Ainsi donc, il résulte des principes fondamentaux de notre législation, en matière de successions et de donations, que l'héritier qui renonce à la succession de son auteur peut retenir, sur le don en avancement d'hoirie qu'il a reçu, la portion disponible du patrimoine paternel, mais qu'il n'a aucun droit sur la réserve.

Et maintenant cette limitation, à laquelle vient de nous conduire l'analyse consciencieuse et fidèle des principes législatifs en cette matière, ne se trouve-t-elle pas clairement formulée dans l'art. 845? Nous croyons qu'il est impossible à un esprit non prévenu d'en juger autrement.

L'art. 845 est ainsi conçu : « L'héritier qui renonce à la succession peut cependant retenir le don entre-vifs ou réclamer le legs à lui fait jusqu'à concurrence de la portion disponible. » Ainsi donc cet article accorde au renonçant une faculté, et à cette faculté il appose une limite qu'il formule ainsi : « Jusqu'à concurrence de la portion disponible. » N'est-ce pas manifester d'une manière suffisamment claire et explicite que le renonçant n'a aucun droit sur tout ce qui se trouve en dehors de cette limite.

Non, répondent nos adversaires, les termes de

l'art. 845 ne sont pas assez explicites pour que l'on en puisse tirer une pareille conséquence. La loi permet au renonçant de retenir la quotité disponible; mais elle ne lui défend point de rien retenir de ce qui se trouve en dehors de cette quotité. Il faudrait, pour qu'il en fût ainsi, que l'art. 845 eût dit, à l'instar du précédent, « ne pourra retenir que la portion disponible. »

A cette objection, une double réponse. Et d'abord, la loi contient parfaitement l'idée qu'on lui a reproché de n'avoir pas émis. En second lieu, elle ne pouvait employer les expressions indiquées par nos critiques, sous peine de faire un égal outrage au bon sens et à la langue française.

Que l'on veuille bien remarquer, en effet, la première partie de l'art. 845 : L'héritier, qui renonce à la succession, peut *cependant...* Qu'est-ce à dire *cependant*? La fin de cet article apporte donc une exception à un principe que consacre la première partie! Quel est donc ce principe? Certes, il ne nous est pas difficile de le trouver; tout nous le révèle, et la théorie fondamentale des successions et donations qui y conduit, et les dispositions de la loi en vigueur, lors de la rédaction du Code qui le consacrait, et enfin, la nature même de l'exception, qui nous fait connaître celle de la règle. Ce principe est celui-ci : L'héritier qui renonce doit faire rapport de tous les dons en avancement d'hoirie qu'il a reçus de l'auteur dont il refuse d'être l'héritier. Voici donc ce que dit, sous sa forme elliptique, l'art. 845 : L'héritier qui renonce ne

7

devrait rien retenir de ce qu'il a reçu de son auteur;
cependant il pourra retenir le don qu'il a reçu jusqu'à
concurrence de la portion disponible. Dira-t-on encore
que cet article ne s'occupe que de la portion du don
en avancement d'hoirie qui correspond à la portion
disponible, et nullement de celle qui correspond à la
réserve? Il est évident, au contraire, qu'il commence
par reconnaître et sanctionner le principe qui ordonne
le rapport de tout le don en avancement d'hoirie, et
qu'il finit enfin par y apporter une exception que sa
nature même rend limitative.

Et maintenant, si la loi se servait des expressions
indiquées par nos adversaires, il est évident qu'elle
commettrait le plus grossier pléonasme, qu'elle tomberait dans la plus manifeste contradiction avec elle-
même. Si le législateur avait voulu se servir de ces
expressions : « ne pourra retenir que, » il aurait été
obligé de dire : « l'héritier qui renonce à la succession
ne peut rien retenir de ce qu'il a reçu de son auteur;
cependant il ne peut retenir le don en avancement
d'hoirie, qu'il a reçu, que jusques à concurrence de la
portion disponible. En employant cette rédaction, le
législateur aurait, dans le même article, exprimé deux
fois cette idée, à savoir, que l'héritier renonçant
pouvait retenir la partie de son don en avancement
d'hoirie qui excédait la quotité disponible. En outre, en
disant que le renonçant ne peut retenir que telle partie de sa donation, il dit implicitement qu'il a le droit,
en principe, de la retenir tout entière; or, c'est le
principe contraire que consacre la première partie de

l'article; le législateur tomberait en contradiction avec lui-même. Il faut donc avouer que si le législateur s'était servi de l'expression restrictive dont parlent nos adversaires, il aurait fait, nous le répétons, un double outrage aux règles de la syntaxe et aux données du bon sens.

Nos adversaires doivent donc reconnaître que l'article 845 s'occupe du droit de rétention de l'héritier renonçant aussi bien sur la réserve que sur la quotité disponible, que cet article est conçu en termes limitatifs, et qu'il était impossible à la loi d'exprimer la restriction d'une manière plus énergique qu'elle ne l'a fait.

Une dernière remarque nous révèlera la portée réelle de l'art. 845. Nous prétendons, nous, adversaires du cumul, que l'effet de l'art. 845 est de mettre l'héritier renonçant absolument sur la même ligne que l'étranger. Le projet de loi disait expressément: « L'héritier qui renonce à la succession peut cependant retenir le don entre-vifs ou réclamer le legs à lui fait, ainsi qu'un étranger pourrait le faire, jusqu'à concurrence de la portion disponible. » Avec cette rédaction, notre interprétation nous paraîtrait inattaquable. La section de législation, qui a supprimé l'incise, « ainsi qu'un étranger pourrait le faire, » n'a certes pas entendu altérer le sens de l'art. 845. S'il avait été dans sa pensée de modifier le système du projet, elle aurait présenté ses raisons à l'appui de ce changement, ou bien les rédacteurs du projet lui en auraient demandé les motifs, et le Conseil d'Etat aurait été appelé à statuer sur la question. Rien de tout cela ne s'est présenté, parce que, dans la pensée de tout le monde, cette suppression n'avait d'autre but que de faire disparaître une redondance, afin d'atteindre, autant que possible, à une concision parfaite. — Notre article a donc aujourd'hui la même signification que dans le projet, c'est-à-dire, la signification que nous lui avons attribuée.

Réfutation des théories de nos adversaires.

Les adversaires qui combattent notre solution se divisent en deux partis. Les uns soutiennent que l'héritier renonçant peut retenir à la fois et la portion disponible et sa part de réserve ; les autres pensent qu'il ne peut retenir sa donation en avancement d'hoirie que jusques à concurrence de la quotité disponible, mais qu'il doit l'imputer d'abord sur sa part de réserve, et sur le disponible pour l'excédant seulement. Ces deux partis ne diffèrent entre eux que sur la portée de la disposition de l'art. 845 ; ils sont parfaitement d'accord sur la difficulté qui les sépare de nous les uns et les autres, et pensent tous que l'héritier peut conserver, malgré sa renonciation, sa part dans la réserve. La plupart des arguments qu'ils invoquent contre nous leur sont communs. Nous pourrons donc réfuter à la fois l'un et l'autre parti.

1° Nos adversaires on dit : en droit romain, la légitime était acquise aux enfants, en vertu de leur seule qualité d'enfants ; il en était de même de la légitime de droit, dans nos pays de coutume. La réserve de notre législation n'est, sous un autre nom, que la légitime romaine. Elle est acquise aux enfants du défunt en vertu de cette seule qualité. L'héritier qui renonce peut donc retenir sa part dans la réserve, puisqu'il conserve, malgré sa renonciation, sa qualité d'enfant.

Cet argument se trouve invoqué dans le *Commentaire sur les Successions* de M. Chabot. Il est reproduit dans les arrêts de la cour suprême de 1834 et de 1843. Voici comment le développe M. Chabot.

La seconde partie de l'art. 921 établit que les créanciers du défunt ne peuvent point demander la réduction, *ni en profiter.*

De cette disposition même il résulte que ce n'est pas à titre d'héritiers que les enfants du défunt réclament la réduction. Car, si c'était à titre d'héritiers, les biens repris aux donataires rentreraient dans la succession, et seraient en conséquence soumis aux poursuites des créanciers.

C'est là un principe qui ressort suffisamment de la disposition même de l'art. 921. Mais il nous est manifesté d'une manière plus explicite encore par l'historique de la rédaction de ce même article, et les discussions qui ont eu lieu à ce sujet au sein du Conseil d'Etat.

L'art. 25 du projet de la section de législation portait que la réduction ne pouvait être demandée par les créanciers de la succession. Mais la réduction opérée pouvait-elle leur profiter ? Sur cette question s'éleva au sein du Conseil une discussion fort vive, dont M. Maleville, qui y prit une part active, nous a rendu un compte fidèle. Les uns soutenaient l'affirmative, alléguant que la réduction ne pouvait être demandée qu'à titre d'héritier, que les biens enlevés aux donataires rentraient en conséquence dans la masse de la succession, et que les créanciers avaient bien le droit de les y saisir, pour se remplir de ce qui leur était dû. Les autres se prononçaient, au contraire, pour la négative, disant que la réduction était demandée à titre d'enfant et non pas à titre d'héritier, et que par conséquent elle ne rentrait pas dans la masse de la succession. Les premiers triomphèrent d'abord ; le Conseil décida, dans la séance du 5 ventôse an XI, que les créanciers de la succession avaient le droit de poursuivre le paiement de ce qui leur était dû sur les biens que la réduction rendait aux héritiers.

L'article 921, rédigé en conséquence, fut communiqué au Tribunat, qui ne partagea pas l'opinion du Conseil d'État, et demanda que les créanciers ne fussent pas admis à profiter de la réduction opérée. Pour appuyer sa proposition, il alléguait que l'action en réduction est un droit purement personnel, exercé par l'enfant du défunt, en vertu de cette seule qualité, et abstraction faite du titre d'héritier qu'il peut prendre ou non.

Le Conseil d'État, revenant sur sa première décision, se rendit à la proposition du Tribunat, et reconnut ainsi la légitimité de la raison qu'il invoquait à l'appui.

Enfin, c'est bien cette raison qui a déterminé l'adoption de l'art. 921 par le Tribunat et le Corps législatif.

En effet, M. Jaubert disait au Tribunat : « Si la réduction est opérée par ceux au profit desquels la loi fait
la réserve, ces derniers seront-ils tenus de payer les
dettes postérieures à la donation ? Non ; ils ne vien-
nent pas comme héritiers... » M. Favard disait au Corps
législatif : « On disait que les enfants ne pouvaient
demander la réduction qu'à titre d'héritiers, que dès
lors ils se trouvaient chargés de payer les dettes postérieures à la donation..... Mais ce n'est pas comme
héritiers que les enfants demandent le retranchement. »
Il ne saurait y avoir rien de plus positif.

Nous le voyons donc, c'est en qualité d'enfant et
non pas à titre d'héritier que la réduction peut être
demandée, et que par conséquent la réserve est acquise, puisque la disposition finale de l'art. 921 est
incompatible avec ce dernier système, et que c'est
en se basant sur ce motif que le législateur a édicté
cette disposition. En conséquence, l'héritier renonçant
peut bien conserver sa part dans la réserve, puisque
sa renonciation ne lui enlève pas sa qualité d'enfant,
qui seule y donne droit.

Tout ceci est fort spécieux sans doute ; mais il n'y
a là de la vérité que les apparences.

Et d'abord, quand on invoque un argument, il faut
avoir le courage d'en tirer et d'en accepter toutes les
conséquences. Si la qualité d'enfant suffit pour assurer
à celui qui la possède sa part dans la réserve, elle lui
confère évidemment le droit de la réclamer par voie
d'action aux donataires qui ont reçu des libéralités
supérieures à la portion disponible, déduction faite de

ce qu'il a perdu par sa faute, en renonçant à la succession qui lui était déférée. M. Chabot accepte bien
cette conséquence, mais nous ne sachions pas qu'il
en soit de même de la Cour de cassation et des partisans de sa dernière jurisprudence. S'ils la repoussent,
comme nous n'en doutons pas, ils se trouvent, par ce
seul fait, condamnés à ne plus faire usage de l'argument que nous combattons.

Mais abordons le fond même de cette théorie spé-
cieuse.

Nous dirons d'abord à nos adversaires : Non, la
disposition finale de l'art. 921 n'empêche point, comme
vous le prétendez, que ce ne soit à titre d'héritier que
la réduction est demandée et obtenue. L'art. 857 dispose à peu près dans les mêmes termes que l'art. 921,
que les créanciers ne peuvent demander le *rapport* ni
en profiter. En conclurez-vous que ce n'est pas le titre
d'héritier qui seul donne le droit d'exiger le rapport ?
Non certes. On pourrait dire cependant que les biens
enlevés aux donataires en vertu du titre d'héritier par
la demande du rapport, comme par celle de la réduction, rentrent dans la masse de la succession, et que
les créanciers peuvent venir les y prendre pour se
remplir de ce qui leur est dû. La conséquence que
vous tirez de l'art. 921 n'est donc pas aussi nécessaire
que vous le prétendiez. — Mais supposons que ce soit
à titre d'héritier seulement que la réduction puisse être
demandée, et voyons s'il nous sera impossible de légitimer la disposition qui refuse aux créanciers de profiter de la réduction opérée. Les créanciers avaient

perdu tout droit sur les biens sortis du patrimoine du défunt, leur débiteur; la loi le suppose, en effet, puisqu'elle leur refuse tout recours contre les donataires qui les ont reçus. Comment l'exercice d'une faculté accordée à des tiers pourrait-il faire acquérir aux créanciers des droits qu'ils n'avaient point?.... Les donations faites par un père de famille ne portent atteinte qu'aux droits de ses héritiers à réserve; voilà pourquoi la loi n'accorde qu'à ces héritiers la faculté de faire rentrer dans la masse de la succession la partie de ces libéralités qui excède la quotité disponible. Pourquoi n'y rentreraient-elles pas pour cet héritier seulement?.... La loi consacre des droits relatifs aussi bien que des droits absolus. Si ces derniers profitent à tout le monde, les premiers ne profitent qu'à ceux pour qui ils sont spécialement établis. La réduction n'a été établie, personne ne le conteste, que pour sauvegarder les droits des enfants héritiers à réserve, c'est donc un droit relatif qui ne doit profiter qu'aux héritiers seuls. — Accordez aux créanciers la faculté de profiter de la réduction opérée, et le droit à la réserve assuré aux héritiers n'est plus qu'un leurre, puisqu'ils ne prendront aux donataires les biens qui la composent que pour se les voir enlever aussitôt par les créanciers du défunt. Ce sera un moyen facile, offert au père, de priver ses héritiers de la réserve que la loi a voulu leur assurer. Accordez aux créanciers la faculté de profiter de la réduction opérée, et, dans tel cas déterminé, l'héritier réservataire, qui ne pourra rien conserver du patrimoine paternel, aura cependant la faculté de

laisser aux donataires ou de faire passer aux créanciers les biens, considérables peut-être, qui sont sujets à la réduction, puisqu'il ne dépendra que de
lui d'en faire ou d'en négliger la demande. Il pourra
prendre l'un ou l'autre parti au gré de son caprice, de
ses affections, ou même d'un intérêt illicite. On le
voit donc, quel que soit le titre auquel la loi ait attaché la faculté de demander la réduction et d'assurer
la réserve, les motifs que nous faisons valoir, les inconvénients que nous signalons subsistent toujours, et
suffisent pour faire déclarer au législateur que les
créanciers ne peuvent profiter de la réduction opérée.
Nos adversaires ne peuvent donc prétendre que de
cette disposition il résulte nécessairement que la réserve est acquise aux enfants du défunt, en vertu de
cette seule qualité.

Mais nos législateurs n'ont-ils pas dit que tel était le
motif qui leur faisait édicter cette dernière disposition
de l'art. 921, et manifesté par là que, dans leur pensée, le droit à la réduction est accordé et la réserve
attribuée aux enfants, en vertu de cette seule qualité? Non, cette pensée n'était pas celle du Conseil
d'Etat.

M. Maleville rend un compte fort inexact de la discussion qui eut lieu au sein du Conseil sur la question
de savoir si les créanciers pourraient profiter de la réduction. Ce fut le 5 ventôse an XI que cette question
fut débattue. Or, le procès-verbal de la séance constate que M. Maleville fut le seul à présenter, à l'appui
de son opinion, la considération que la réduction était

demandée en vertu de la seule qualité d'enfant. Dix membres au moins du Conseil, qui se prononcèrent dans le même sens, se gardèrent bien de l'invoquer. Entre autres, M. Portalis disait : « On prétend que la légitime est une portion de l'hérédité. Ce principe est incontestable, mais..... » M. Bigot-Préameneu répond à M. Emmery « que l'enfant ne prend à la vérité la légitime que comme héritier, mais que...... » C'était par d'autres arguments que certains collègues de M. Maleville soutenaient la même thèse que lui. Ils furent d'abord vaincus au Conseil d'Etat.

Le Tribunat protesta contre cette décision et, en proposant au Conseil d'Etat de décider, au contraire, que les créanciers ne pourraient profiter de la réduction opérée, il se fonda, il faut le reconnaître, sur l'argument qu'avait fait valoir M. de Maleville. Mais est-ce cet argument qui a décidé le Conseil d'Etat à revenir sur sa décision première? Il nous répugnerait de le croire, puisque la raison, invoquée par le Tribunat, avait été déjà présentée avec beaucoup de force au Conseil par un de ses membres. Il est d'ailleurs impossible de le soutenir en présence du procès-verbal de la séance qui établit expressément le contraire. C'était le 24 germinal an XI. Sur le rapport que fit M. Bigot-Préameneu de la demande du Tribunat, M. Tronchet observa qu'il était absent de la séance où la disposition, attaquée par le Tribunat, avait été adoptée, et que par conséquent il s'était trouvé dans l'impossibilité de la combattre. Alors, il appuya la proposition du Tribunat, mais il ne reproduisit point son argument, et se contenta de développer les raisons que nous avons fait valoir ci-dessus.

Il est donc certain que, en adoptant la proposition du Tribunat ; le Conseil d'Etat n'a nullement manifesté la pensée que c'est la qualité d'enfant qui assure la réserve. Il a bien plutôt manifesté la pensée contraire, puisque, lorsqu'il s'agissait de décider si les créanciers pouvaient profiter de la réduction opérée, il n'a pas tenu compte de cet argument, qui était cependant péremptoire, s'il eût été fondé. C'est ce qu'a, d'ailleurs, parfaitement exprimé l'orateur du gouvernement devant le Corps législatif, lorsqu'il a dit en termes formels que l'action en réduction était *accordée aux héritiers.* Il est donc certain que, dans la pensée du Conseil d'Etat, ce n'était pas la qualité d'enfant qui conférait le droit à la réserve. Or , quiconque n'est pas complètement étranger au mécanisme législatif de l'époque, sait parfaitement que la pensée du Conseil d'Etat est celle de la loi.

Nos adversaires ne peuvent donc tirer aucun argument à l'appui de leur thèse, ni de la disposition ni des travaux préparatoires de l'art. 921.

Et maintenant nous serait-il bien difficile de démontrer , contrairement à leurs prétentions, que la réserve n'est attribuée qu'aux héritiers ? — La loi , comme nous l'avons vu, n'établit expressément que deux modes de transmission à titre gratuit. Si elle avait voulu consacrer ce troisième mode, elle l'aurait fait d'une manière plus directe et plus explicite. Il est d'ailleurs dans le Code une infinité de dispositions qui prouvent que c'est aux héritiers seuls que la réserve est attribuée. Telles sont celles des art. 915, 917, 922, 930, 1004 et 1011. L'art. 930, pour n'en citer qu'un seul, s'exprime ainsi : « L'action en réduction ou revendication pourra être exercée par les héritiers contre les tiers détenteurs des immeubles fesant partie des donations et aliénés par les donataires. » C'est aux *héritiers*, comme on voit, et non pas aux *enfants* que cet article accorde l'action en réduction, sanction du droit de réserve. C'est donc aux *héritiers* et non pas aux *enfants* que ce droit de réserve appartient.

2° Pour soutenir leur théorie, nos adversaires ont dit encore : La réserve qu'un père doit laisser à ses enfants est une dette dont il est tenu à leur égard. Cette dette n'est exigible, il est vrai, qu'à la mort du débiteur, mais elle n'en existe pas moins, sa vie durant. Si le paiement a été effectué par anticipation, la réserve payée est définitivement acquise à l'enfant créancier, aux termes de l'art. 1186. Or, lorsque le père fait à son héritier présomptif un don en avancement d'hoirie, il ne fait autre chose qu'effectuer à l'avance le paiement de sa dette de réserve. Le créancier qui a obtenu ce paiement ne pourra jamais être dépouillé de sa réserve.

Non, la réserve n'est pas une dette du père à l'égard de ses enfants. Une dette est une obligation juridique. L'homme soumis à une obligation peut bien se soustraire à son exécution, mais il ne peut jamais, par un effet de sa volonté, et sans paiement, effacer, anéantir cette obligation. S'il en est autrement, il n'y a plus de lien, plus d'obligation, plus de dette. Or, c'est ce qui arrive précisément ici : Il ne dépend que du père de ne rien laisser au moment de sa mort, et, dans ce cas, non-seulement les enfants seront dans l'impossibilité de faire valoir leur créance, ils n'auront même pas de créance.

Le père qui fait un don en avancement d'hoirie, ne fait autre chose, dites-vous, qu'effectuer, par avance, le paiement d'une dette. Mais, depuis quand un paiement est-il qualifié libéralité, et se fait-il par voie de donation ?

La réserve n'est et ne peut être, nous l'avons démontré, qu'une partie de la succession. Elle ne peut être transmise avant l'ouverture de la succession, ni par une autre voie que celle de l'hérédité. On ne peut donc transmettre cette portion de succession par un paiement antérieur à la mort du *de cujus*.

3° Nos adversaires ont dit encore : Laisser à ses enfants la réserve légale est pour le père une obligation naturelle. Il pourrait, sans doute, se soustraire à son exécution, mais, s'il en effectue le paiement, la réserve est définitivement acquise à celui qui l'a reçue, aux termes de l'art. 1235.

Cet article dispose, en effet, que la répétition n'est pas admise à l'égard des obligations naturelles volontairement acquittées. La loi n'accorde point cependant aux créanciers de ces obligations la faculté d'en réclamer le paiement par voie d'action. Mais, quelles sont ces obligations naturelles ? Et faut-il ranger dans cette catégorie le droit à la réserve légale ?

Une législation raisonnable ne peut reconnaître, en dehors de celles qu'elle sanctionne, des obligations valables au point de vue du droit naturel. Admettre que certaines obligations *existent*, et ne pas les sanctionner, ce serait de l'iniquité. Protéger, par voie d'exception, des obligations que l'on aurait refusé de sanctionner par voie d'action, ce serait de l'absurdité. Qu'est-ce donc que ces obligations que l'art. 1235 appelle naturelles ?

Le voici. Lorsque la loi reconnaît qu'une obligation existe au point de vue du droit naturel, elle ne lui refuse jamais sa sanction, tant par voie d'action que par voie d'exception. Mais il est quelquefois des obligations dont l'existence ou la validité, au point de vue du droit naturel, n'est pas parfaitement établie aux yeux de la loi civile. Celle-ci leur refuse sa sanction, jusqu'au moment où leur existence ou leur validité lui est parfaitement démontrée. Si ces obligations sont volontairement exécutées par celui qui en est tenu, la loi voit dans ce fait la preuve qui lui manquait, et sanctionne, en conséquence, le paiement effectué. Telles sont les obligations que l'art. 1235 appelle *naturelles*.

Ceci bien compris, personne ne s'avisera, sans doute, de vouloir ranger parmi les obligations naturelles le droit de l'héritier à la réserve légale.

Lorsque nos adversaires prétendent que les dons en avancement d'hoirie ne sont que le paiement d'une obligation naturelle, ils entendent peut-être parler de l'un de ces droits que la loi n'a pas sanctionnés, parce qu'elle n'y voyait que des obligations imparfaites, au point de vue du droit naturel. On leur donne effectivement ce nom quelquefois.

S'il en était ainsi, nos adversaires ne pourraient point invoquer l'art. 1135 ; car ce n'est certes pas de ces obligations naturelles que la loi entend parler dans cet article.

Mais, à ce point de vue même, l'obligation naturelle dont serait tenu le père ne consisterait pas à faire un don en avancement d'hoirie à son enfant, mais seulement à lui procurer un établissement et à lui faciliter les moyens de pourvoir aux besoins de sa vie. Or, pour accomplir cette obligation, le père a la faculté, soit de faire à son enfant un prêt d'argent ou un bail d'immeubles, soit de lui donner un usufruit pour la durée de sa propre vie, soit enfin de lui faire une véritable donation résoluble au moment de sa mort. — Ainsi donc, une donation en avancement d'hoirie peut être considérée comme une vraie libéralité, puisque le père pouvait, par d'autres moyens moins onéreux, accomplir ses obligations envers son enfant. Et devrait-on d'ailleurs la considérer comme l'accomplissement de ces prétendues obligations, il ne s'ensuivrait nullement, comme l'on voit, qu'elle fût irrévocable.

4° On a dit encore : Le but de la loi est d'assurer à chaque enfant une portion du patrimoine paternel. Cette portion lui est attribuée à titre de succession quand il n'a pas reçu de libéralité de la part de son auteur; mais celui-ci a parfaitement le droit de lui transmettre sa réserve par tous les autres moyens qu'

la loi met à sa disposition. Lors donc qu'il la lui a
transmise par voie de donation ou de legs, elle est
irrévocablement acquise à l'enfant qui la possède en
vertu d'un juste titre; il n'a pas besoin, pour l'acquérir, de se porter héritier.

Cet argument a été présenté par M. Grenier, et il
sert de base fondamentale aux arrêts Mourgues et
Castille, rendus par la Cour de Montpellier et par la
Cour suprême.

Cette théorie n'est que celle de la légitime de droit
admise par la plupart des jurisconsultes coutumiers;
elle est sans doute rationnelle et pourrait, comme
toute autre, être consacrée par une législation. Mais
a-t-elle été adoptée par notre loi? La réserve peut-elle
être, d'après notre Code, transmise par la voie des
donations entre-vifs? — Nous avons démontré que le
père de famille ne pouvait disposer que de sa quotité
disponible par voie de donations entre-vifs ou testamentaires et que sa réserve ne pouvait être transmise
à ses enfants que par voie de succession. Notre législation n'a donc pas consacré l'ancienne théorie de la
légitime de droit écrit. Elle dispose expressément que
la réserve ne peut être acquise qu'à titre d'hérédité.
Nous devons nous incliner devant sa volonté formelle.

Tous les autres considérants des arrêts Mourgues
et Castille, à savoir que le donataire ne peut changer
la nature et les effets de sa donation, que sa renonciation n'est pas un acte d'abandon pur et simple,
auquel puissent s'appliquer les art. 785 et 786, ne sont

8

que le développement de ce principe fondamental que nous venons de réfuter. Nous n'avons pas besoin de les combattre directement ; ils ne peuvent conserver la moindre force, du moment que leur base est ruinée.

5° Nos adversaires ont dit aussi : Chacun des cohéritiers du renonçant n'a le droit de réclamer que sa part et portion de réserve. Dès qu'il l'a obtenue, la loi est satisfaite. Le renonçant reste donc en possession et de la portion disponible et de sa part de réserve.

Cet argument a été invoqué par Proudhon et par M. Chalret-Durieu, qui le fondait sur les art. 921 et 922. Il est encore reproduit par les considérants de l'arrêt Lecesne où on lit : « Attendu que le droit de demander la réduction des dispositions à titre gratuit, consacré, par l'art. 921 du Code, en faveur de ceux au profit desquels la loi fait la réserve, a pour but d'assurer à chacun de ceux-ci sa part dans ladite réserve.... » Et plus bas : « Attendu que le bien donné n'est pas dans la succession, qu'il ne doit y être fictivement réuni que pour déterminer et assurer la part de chacun dans la réserve..... » Ce dernier passage se rapporte à l'art. 922.

Est-il bien vrai que la réserve soit attribuée partiellement à chacun des ayants-droit ? Est-il bien certain que cela résulte des art. 921 et 922 ? Que l'on en juge. Le premier de ces articles est ainsi conçu : « La réduction des dispositions entre-vifs ne pourra être demandée que par ceux au profit desquels la loi fait la réserve.... » Ces termes, a-t-on dit, sont partitifs, et expriment évidemment que, dans la pensée de la loi, le droit à la réserve est individuel, et qu'un héritier qui a reçu sa part, d'après le nombre des successibles appelés, ne peut rien réclamer au-delà. Mais il suffit de mettre ces expressions sous les yeux de toute personne non pré-venue pour la convaincre immédiatement qu'elles n'offrent point un sens partitif, et n'établissent point une réserve individuelle. Cette proposition a seule-ment pour but d'exprimer que les personnes, au profit desquelles la loi fait la réserve, sont les *seules* qui la puissent réclamer. Chacune d'elles peut-elle la récla-mer tout entière, ou ne peut-elle en exiger, au con-traire, que sa part individuelle? C'est là une question dont notre texte ne s'est évidemment pas occupé. — L'art. 922 s'en occupe bien moins encore. Après avoir dit comment se forme la masse sur laquelle doivent se calculer la quote disponible et la réserve, il ajoute : « On calcule sur tous ces biens, après en avoir déduit les dettes, quelle est, eu égard à la qualité des héri-tiers qu'il laisse, *la quotité dont il a pu disposer.* » Cet article ne parle même pas, comme l'on voit, du calcul de la réserve, comment pourrait-il dire que cette ré-serve est individuelle ?

Et maintenant, si nous nous rappelons que nous avons démontré jusqu'à la dernière évidence que la réserve est une succession, et que toute succession est collective, ou, pour mieux dire, déférée tout entière à chacun des appelés, ne resterons-nous pas convaincus que si nos adversaires sont impuissants à trouver dans la loi des textes prouvant que chacun des héritiers ne peut réclamer que sa part dans la réserve, c'est parce que leur prétention n'est qu'une erreur !

6° Mais nos adversaires insistent. Il en serait sans doute ainsi, nous disent-ils, si les héritiers qui acceptent réclamaient effectivement des biens faisant partie de la succession de l'auteur commun. Mais ceux qui ont été donnés entre-vifs à l'héritier renonçant sont irrévocablement sortis de la succession, et ne peuvent être considérés comme des biens héréditaires.

Cet argument, présenté d'abord par M. Chabot, se trouve reproduit dans les considérants de l'arrêt Lecesne.

Sans doute, la succession, sous l'empire du droit romain, ne comprenait que les biens laissés par le défunt dans son patrimoine, au moment de sa mort. Mais, dans notre droit français, la loi a interdit au père de disposer par voie de donations entre-vifs ou testamentaires d'une valeur de ses biens supérieure à sa portion disponible. Lorsque le père a, dans ses libéralités, dépassé cette limite, ses donations sont considérées comme non avenues, et les biens qui en font l'objet, regardés comme n'étant point sortis de son patrimoine. Ils font, en conséquence, partie de sa succession, comme ceux qui s'y trouvaient en réalité, au moment de sa mort.

7° Les partisans du cumul ont cru trouver, dans l'art. 924, une preuve en faveur de leur système. Cet article est ainsi conçu : « Si la donation entre-vifs réductible a été faite à l'un des successibles, il pourra

retenir sur les biens donnés la portion qui lui appartiendrait, comme héritier, dans les biens non disponibles, s'ils sont de même nature. » Cet article 924,
ont dit les partisans du cumul, nous présente donc
un donataire qui retient, sur la libéralité reçue, et sa
portion disponible et sa part de réserve. Et il n'est
point question d'un héritier qui ait accepté la succession, puisque l'article dit : « *La part qui lui appartiendrait comme héritier*, » ce qui revient à dire : « *qui lui
appartiendrait s'il était héritier*. »

Cette interprétation est complètement erronée. L'art.
924 édicte une disposition soumise à cette condition :
« *Si les biens non disponibles sont de même nature*. »
Mais pourquoi cette condition est-elle apposée à la
disposition principale ? Le Tribunat, sur la demande
de qui elle a été insérée dans la loi, la motivait sur
ce qu'il importait de mettre l'art. 924 en concordance
avec l'art. 859. La condition elle-même, et surtout le
motif sur lequel s'appuyait le Tribunat pour la faire
admettre nous montrent évidemment que c'est d'un
donataire par préciput venant à la succession que s'occupe l'art. 924.

Voici, en effet, le cas prévu par cet article. Lorsqu'un
successible a reçu un don par préciput qui dépasse la
quotité disponible, il doit en subir la réduction et
remettre l'excédant dans la masse de la succession,
ainsi que le fait l'héritier acceptant pour les libéralités
en avancement d'hoirie qu'il a reçues de son auteur.
Mais l'art. 859 permet aux donataires en avancement
d'hoirie de ne pas faire le rapport en nature, et de

conserver les biens reçus en les imputant sur leur
part de succession, à condition toutefois qu'il reste
dans le patrimoine soumis au partage des biens de
même nature qui puissent fournir aux autres héritiers
des lots à peu près semblables à celui que conserve le
donataire. L'art. 924 accorde au donataire par préciput
soumis à la réduction la même faveur que l'art. 859
a accordée au donataire en avancement d'hoirie; et
c'est à juste titre que le Tribunat a demandé et obtenu
qu'elle fût soumise à la même condition.

8° Les partisans du cumul ont prétendu encore que
la portion disponible que l'art. 845 permettait à l'héritier renonçant de retenir, se composait de la portion
disponible ordinaire et de sa part dans la réserve.

Telle est bien la doctrine que présente l'arrêt Lecesne.
On lit, en effet, dans ses considérants : « Attendu
qu'aux termes de l'art. 845 du Code civil, l'héritier
qui renonce peut retenir le don à lui fait jusqu'à concurrence de la quotité disponible; que la portion disponible, laquelle, d'après l'art. 919 du même Code, peut
être donnée aux enfants du donateur, est tout ce que
la loi ne réserve pas à ses héritiers.»

MM. Proudhon et Chalret-Durieu disent que la portion disponible d'une personne, au regard de l'un de
ses héritiers présomptifs, c'est tout ce qui n'est pas
nécessaire pour fournir aux autres leur part de réserve. Ces deux jurisconsultes entendent sans doute
par là que le père peut disposer envers l'un de ses
héritiers présomptifs, par voie de donations entre-vifs,
tant de la quotité disponible ordinaire que de sa part

de réserve. S'il en est ainsi, ce n'est qu'une conséquence de leur théorie que nous avons déjà réfutée.
Que s'ils veulent dire, en s'exprimant ainsi, que, dans
la loi, le mot portion disponible, appliqué aux héritiers qui renoncent, signifie portion disponible ordinaire, augmentée d'une part de réserve, ils sont
d'accord avec l'arrêt Lecesne, et vont trouver ici leur
réfutation, en même temps que ce dernier.

Ainsi donc, d'après le rédacteur de l'arrêt Lecesne,
lorsque l'art. 845 permet à l'héritier qui renonce, de
retenir la portion disponible, il l'autorise, vu la signification de ce mot, à retenir la portion disponible et
sa part de réserve. Cette interprétation est aussi commode que péremptoire; elle tranche d'un seul coup
cette controverse si compliquée. Elle n'a qu'un défaut,
c'est de n'être pas vraie. C'est, en effet, ce qu'il ne nous
sera pas difficile d'établir.

Constatons d'abord qu'il n'y a pas la moindre différence entre la signification de ces deux expressions :
portion disponible et *quotité disponible*. Ce n'est pas le
rédacteur de l'arrêt Lecesne qui pourrait le nier, puisqu'il confond et assimile et la *portion* dont parle l'art.
845, et la *quotité* mentionnée par l'art. 919, en inter-
vertissant même la place de ces deux expressions.

L'art. 924 établit que l'héritier, qui a reçu une donation par préciput, a la faculté, dans telle hypothèse
déterminée, de conserver la part qui lui revient à titre
d'héritier, tandis que dans les autres cas, il les doit
replacer dans la masse de la succession. Il résulte évidemment de cette disposition que le donataire par

préciput recueille, *à titre d'héritier*, sa part dans la
réserve. On ne saurait nier cependant qu'il ne recueille
à titre de donataire, la portion disponible tout entière.
Cette portion disponible, que lui a donnée son auteur,
n'est donc autre chose que la quotité disponible ordinaire. Ainsi donc la quotité disponible, dont parlent les
art. 919 et 844, n'est autre chose que la quotité disponible ordinaire. C'est encore dans le même sens qu'il faut
entendre le mot portion disponible employé par l'art.
845.

Ainsi se trouve renversée la prétention de l'arrêt
Lecesne, qui ne pouvait d'ailleurs avoir par elle-même
une grande valeur, parce qu'on ne l'avait appuyée sur
aucun argument.

M. G. Demante s'efforce d'échapper à cette conclusion, à l'aide d'une argumentation, ingénieuse sans
doute, mais si arbitraire et si forcée qu'elle pourrait
paraître inconcevable à quiconque ignorerait jusqu'où
peut entraîner un écrivain l'ardeur mise à défendre une
opinion préconçue.

Quotité et portion disponibles, avons-nous dit, sont
des expressions synonymes. Si, dans l'art. 844, la première signifie quotité disponible ordinaire, telle qu'elle
est fixée par l'art. 913, la seconde doit avoir absolument la même signification dans l'art. 845. Voici
l'argumentation employée par M. G. Demante, pour
échapper à ce résultat.

Ni les art. 844, 845, ni les art. 918, 919 ne peuvent déterminer le sens qu'il faut attacher à ces mots
portion ou *quotité disponible*, à l'égard des héritiers du

défunt, A ne considérer que la teneur de ces articles,
rien ne nous empêche de prendre ces expressions dans
le sens le plus large. — L'art. 924 se trouvait ainsi
conçu dans le projet : « Si la donation entre-vifs réductible a été faite à l'un des successibles, il pourra retenir
sur les biens donnés la valeur de la portion qui lui appartiendrait, comme héritier, dans les biens non disponibles. » Cette disposition nouvelle ne met pas non plus
obstacle à ce que nous considérions la portion disponible que prennent les héritiers du défunt, comme
se composant et du disponible ordinaire et d'une part
de réserve.

Cependant, le Tribunat fit ajouter à l'art. 924 ces
mots : « S'ils sont de même nature. » De cette addition, il résulte que l'héritier préciputaire prend sa
part de réserve à titre d'héritier, et que la donation
de la portion disponible, qui lui a été faite par préciput et hors part, ne lui assure que la portion disponible ordinaire. Tel est donc le sens restreint de
l'expression *quotité disponible* que nous trouvons dans
l'art. 844.

Mais l'art. 924, tel qu'il se trouvait rédigé dans le
projet, s'appliquait à la fois et à l'héritier donataire
par préciput, et à celui qui avait renoncé pour conserver son don en avancement d'hoirie. La modification,
introduite sur la demande du Tribunat, ne s'appliquait,
au contraire qu'à l'héritier qui avait reçu un don par
préciput. La disposition primitive restait donc la même,
à l'égard du donataire renonçant. Elle permet donc de
considérer la portion disponible que celui-ci peut rete-

nir comme se composant et du disponible ordinaire et de sa part de réserve.

Mais comment M. Demante n'a-t-il pas été arrêté dans le développement de son système par les difficultés et les objections qui se hérissent contre lui de toutes parts ?

M. Demante commet d'abord un singulier oubli. L'art. 924 ne s'opposait pas d'abord, il est vrai, à ce que l'on donnât à la portion disponible, qui devait être prise par les héritiers du défunt, cette large extension qui lui convient si fort. Mais cet article, même dans sa rédaction primitive, ne prouvait nullement que la portion disponible qui devait être reçue par un héritier, dût comprendre à la fois et le disponible ordinaire et sa part dans la réserve. Mais depuis, il est devenu certain que la portion disponible de l'héritier préciputaire ne différait nullement de celle des étrangers. Or, lorsque ce mot *disponible* a un sens et une étendue déterminés par la loi elle-même, par rapport aux étrangers, le même sens et la même étendue par rapport à l'héritier préciputaire, quel sens et quelle étendue faudra-t-il lui attribuer à l'égard de l'héritier renonçant?... Il faut lui reconnaître, dit M. Demante, une étendue beaucoup plus considérable; et la seule raison qu'il en donne, c'est que sa solution n'est point contredite, ni par les art. 844, 845, 918, 919, ni même par l'art. 924.

Mais est-il bien certain que l'art. 924 se soit jamais appliqué à l'héritier renonçant ? La première rédaction amphibologique permettait de le penser. Mais nous allons voir que cela n'est plus permis depuis la modification postérieure qu'il a subie.

La modification finale : *S'ils sont de même nature*, est tout aussi absolue que la disposition principale; elle en a donc toute l'étendue. Or, comme cette condition n'est applicable que dans l'hypothèse où il s'agit d'un donataire par préciput, la disposition principale ne doit s'appliquer aussi qu'à l'héritier qui a reçu une donation préciputaire. — Lorsque le Tribunat a demandé l'addition des mots : *S'ils sont de même nature*, il a invoqué pour raison que c'était dans le but de mettre l'art. 924 en corrélation avec l'art. 859. C'était de la disposition tout entière de l'article, sans distinction aucune, que parlait le Tribunat. Cette disposition ne lui paraissait donc applicable qu'à l'héritier donataire par préciput. Et aucune réclamation ne s'éleva à ce sujet au sein du Conseil; preuve évidente que tous les rédacteurs y attachaient la même signification restreinte.

Si la disposition de l'art. 924 s'applique, comme on ne peut en douter, au donataire par préciput qui vient prendre sa part dans le partage de la réserve, ces expressions amphibologiques : *qui lui appartiendraient, comme héritier*, signifient : *qui lui appartiendraient en sa qualité d'héritier*. Mais si l'on veut appliquer l'art. 924 à l'héritier qui renonce à la succession, il est nécessaire de traduire ces mêmes expressions par celle-ci : *qui lui appartiendraient, s'il était héritier*. Or, nous supposons que M. Demante ne va pas jusqu'à prétendre que cette unique expression : *comme héritier*, exprime à la fois ces deux idées contradictoires : *s'il était héritier*, et *en sa qualité d'héritier*,

L'art. 924 n'a donc jamais été applicable à l'héritier renonçant.

9° Les partisans du cumul nous ont reproché de porter atteinte à l'irrévocabilité des donations. Le dernier considérant de l'arrêt Lecesne est ainsi conçu : « Attendu que l'enfant donataire qui renonce à la succession 'de son père donateur n'est pas tenu de subir la réduction d'une donation *irrévocable* de sa nature pour faire profiter de cette réduction les héritiers de son père au-delà de leur part dans la réserve légale. »

Nous déclarons caduque, nous, la partie des donations en avancement d'hoirie reçues par l'héritier renonçant qui excède la portion disponible. Nos adversaires déclarent caduque la partie de ces mêmes donations qui excède le disponible et la part du renonçant dans la réserve. Si le principe d'irrévocabilité des donations condamne notre théorie, il ne condamne pas moins le système du cumul; car nos adversaires le violent autant que nous. Cet argument ne pourrait avoir de valeur que dans la bouche de ceux qui soutiendraient que l'héritier renonçant peut retenir la libéralité qu'il a reçue tout entière, sans avoir jamais à subir la moindre réduction.

Mais, en outre, la réduction que nous faisons subir aux donations en avancement d'hoirie faites à l'héritier qui renonce ne porte pas la moindre atteinte au principe de l'irrévocabilité des donations. Ce principe, en effet, n'empêche point que l'on n'appose aux libéralités entre-vifs des conditions indépendantes de la volonté du donateur. Celui-ci avait bien la faculté de stipuler que sa libéralité ne s'étendrait que jusqu'à telle ou telle limite et serait résolue pour l'excédant, suivant le nombre ou la qualité des héritiers qu'il laisserait. C'est la loi, à son défaut, qui s'est chargée d'apposer cette condition aux dons en avancement d'hoirie qu'il faisait à son héritier présomptif. L'exécution de cette clause ne porte donc pas la moindre atteinte au principe de l'irrévocabilité des donations.

10° Un mot encore, avant de terminer, sur la théorie nouvelle proposée par notre éminent professeur M. Rodière. Elle aboutit aux mêmes résultats pratiques que le système consacré par les arrêts Mourgues et Castille; mais la théorie juridique se rapproche beaucoup plus de celle que nous avons exposée.

M. Rodière admet, comme nous, que l'héritier qui renonce à la succession ne peut retenir, sur ses dons en avancement d'hoirie, que la portion disponible elle-même; mais il veut accorder au donateur la faculté de disposer à son gré de la part du renonçant dans la réserve.

L'attribution de cette faculté au donateur nous semblerait bouleverser toute l'économie de la loi. Nous ne pouvons nous livrer ici, pour le démontrer, à des développements qui nous entraîneraient trop loin; nous nous contenterons de soumettre à M. Rodière une seule observation. Si le père de famille avait la faculté de disposer de la portion de réserve qui devait

appartenir à l'héritier renonçant, il pourrait transmettre, par voie do donation, et la portion disponible et
une part de réserve; mais l'art. 913 établit, de la
manière la plus formelle, que les libéralités entre-vifs
ou testamentaires du disposant ne peuvent excéder sa
portion disponible. La faculté que l'on donnerait au
père ne serait-elle pas la violation flagrante de la disposition de l'art. 913?

§ 3. — Considérations générales.

Nous avons jusqu'ici été fort sobres d'arguments, et
négligé tous les motifs de décision qui n'étaient point
péremptoires. Nous allons, en terminant, présenter
quelques considérations générales, trop faibles sans
doute pour trancher la difficulté par elles seules, mais
assez puissantes néanmoins pour corroborer la décision déjà acquise.

1° Que peut retenir l'héritier qui renonce après
avoir reçu de son auteur un don en avancement
d'hoirie? A cette question, les partisans du cumul
répondent : La portion disponible seulement, si le
don en avancement d'hoirie est un legs; la portion
disponible et sa part de réserve cumulées, si l'avancement d'hoirie est une donation entre-vifs; mais cette
distinction n'implique-t-elle pas une contradiction flagrante?—La seule différence qui existe entre l'une et
l'autre hypothèse, c'est que, dans la première, le
donataire détient matériellement l'objet de la libéralité,
tandis que, dans la seconde, il ne le possède pas

encore. Or, le seul effet que puisse produire la déten-
tion matérielle est de permettre à celui qui en jouit de
continuer l'exercice du droit qu'il possède, à défaut
de toutes preuves fournies par l'une ou l'autre des
parties contendantes. En conséquence, la seule différence qui existe entre l'une et l'autre hypothèse est
impuissante à légitimer une pareille distinction dans
la solution. Nos adversaires devraient donc reconnaître que, si le renonçant qui n'a reçu qu'un legs de
son auteur ne peut retenir que la portion disponible,
celui qui a reçu une donation entre-vifs n'a pas plus
de droits que le premier.

2° N'est-il pas étrange de voir celui qui se dépouille
de la qualité d'héritier, pour prendre celle d'étranger,
acquérir les avantages que lui procure cette dernière,
sans perdre aucun de ceux que lui assurait le titre qu'il
a repoussé! N'est-il pas plus rationnel de faire dire,
par la loi, au donataire en avancement d'hoirie : Sois
héritier, si tu le veux; rends-toi étranger à la succession, si tu le préfères; choisis au gré de tes intérêts;
mais tu ne peux cumuler les avantages que procurent
les deux titres, puisque tu ne peux posséder à la fois
ces deux qualités contradictoires!

3° Poursuivons. Un père fait donation à l'un de ses
enfants de sa quotité disponible à titre de préciput.
Un autre père se contente de faire à l'un de ses enfants
une donation en avancement d'hoirie. Le premier a
manifesté explicitement le désir de laisser au donataire tout ce qu'il pourrait lui assurer. Mais le second
n'a nullement exprimé l'intention de le placer dans

une position plus avantageuse que ses cohéritiers présomptifs. Ils renoncent l'un et l'autre. Demandez aux partisans du cumul quels seront les droits de chacun ; ils vous répondront que le donataire par préciput ne peut retenir que la portion disponible, mais que le donataire en avancement d'hoirie peut cumuler, et portion disponible et réserve....., Voilà les décisions rationnelles que nos adversaires placent dans notre loi française !

4° Mais ce n'est pas tout encore. Le donataire à titre de préciput accepte la succession de son auteur, et cumule ainsi les deux qualités d'héritier et de donataire préciputaire. Celui, au contraire, qui n'a reçu une libéralité de son auteur, qu'à charge de rapport, déclare qu'il ne veut point de la succession de son père. Eh bien ! dans le système des partisans du cumul, c'est la position de ce dernier qui est préférable. Le premier, en effet, aura peut-être à redouter les soucis d'une acceptation bénéficiaire, ou les dangers d'une acceptation pure et simple ; le second recueillera comme lui portion disponible et réserve, sans aucune précaution à prendre, sans le moindre péril à redouter.

En présence de pareils résultats, c'est avec la plus profonde et la plus énergique conviction que nous repoussons le système qui les produit.

Nous avons déjà montré, que, dans ce débat, plusieurs graves intérêts se trouvaient en présence. Examinons, en terminant, quel est le degré de respect que la loi accorde à ces intérêts, et comment chaque système sauvegarde ceux que le législateur a considérés comme sacrés.

Le premier de tous, c'est l'égalité à maintenir entre les enfants d'une même famille. Le législateur moderne l'a toujours reconnu, respecté, sanctionné. Dès la première discussion ouverte sur cet important sujet des transmissions à titre gratuit, M. de Talleyrand lisait dans le testament politique de Mirabeau que la France venait de perdre : « Cette loi sociale, qui fait succéder les enfants au père dans la transmission des biens domestiques, doit se montrer dans toute sa pureté quand le chef de famille meurt *intestat* ; alors les enfants qui succèdent partagent selon les lois de la nature, à moins que la société ne joue ici un rôle de marâtre, en rompant à leur égard la loi inviolable de l'égalité. » Et d'unanimes applaudissements accueillaient ce dernier écho de la voix puissante qui venait de s'éteindre. Le même jour, dans la même assemblée, les mêmes principes se trouvaient proclamés par Tronchet, le rédacteur futur de notre Code. La loi de nivôse les consacre en les exagérant peut-être. Et depuis, au sein de la Convention, et des conseils du Directoire, et des assemblées du Consulat, on les voit reparaître partout et toujours, en tête de tous les travaux relatifs à la rédaction du Code civil. On sait enfin combien de dispositions de ce Code lui-même consacrent les conséquences du principe que l'égalité doit être maintenue entre les cohéritiers d'une même personne.

Lorsqu'un principe est aussi explicitement consacré

par la loi, on ne peut admettre qu'une dérogation particulière y ait été apportée, sans qu'un texte précis en
fournisse la preuve évidente. Eh bien ! ce principe,
notre théorie le reconnaît et le sanctionne, tandis que
le système de nos adversaires le foule aux pieds.
Demandez-leur quel est le texte qui leur en donne le
droit. Bien examinés, tous ceux qu'ils veulent citer
se retournent contre eux.

Mais il est un autre intérêt bien grave, s'écrient,
à leur tour, nos adversaires, que vous méconnaissez
complètement. Le donataire qui a reçu une libéralité
de son auteur, a pensé qu'elle lui était irrévocablement acquise. Il s'est, en conséquence, habitué à
une vie luxueuse, il s'est livré à des entreprises qui
nécessitent des capitaux importants, il a contracté une
union à laquelle son conjoint n'aurait peut-être pas
consenti sans la libéralité du père ; il s'est enfin im-
posé les charges considérables et sacrées d'une famille
à élever. Contraindre ce donataire à rendre une trop
forte portion de la libéralité qu'il a reçue, c'est mécon-
naître son intérêt bien légitime, et quelquefois aussi
celui de son conjoint et de ses enfants.

Tout ceci n'est qu'une pétition de principe. Pour que
le donataire pût croire, à juste titre, que les biens
qu'il avait reçus lui étaient irrévocablement acquis, il
faudrait que la réserve fût transmissible par la voie
des donations. Or, c'est précisément dans cette question que se trouve toute la difficulté.

Il est encore un troisième intérêt dont on doit tenir
compte. C'est celui qu'a le père de ne pas être privé de

la faculté que lui a laissée la loi de disposer à son gré d'une partie de sa fortune.

Vous méconnaissez ce droit du père, nous disent nos adversaires, lorsque vous refusez au renonçant qui a reçu, en avancement d'hoirie, la portion disponible et la réserve, la faculté de les retenir l'une et l'autre. Si le père a fait à son héritier présomptif une donation si considérable, c'est parce qu'il avait l'intention de lui transmettre tout ce qu'il pouvait lui assurer. On ne peut le nier sous l'empire de notre législation actuelle. L'ancienne coutume de Paris avait beaucoup plus de sollicitude pour l'égalité à maintenir entre cohéritiers d'un même père, puisqu'elle interdisait à celui-ci de faire à aucun d'eux une donation préciputaire. Cependant lorsqu'il avait donné à l'un de ses héritiers présomptifs sa portion disponible et sa part de légitime, le donataire pouvait les conserver l'une et l'autre en renonçant à la succession de son auteur. Comment pourrait-on ne pas admettre ce résultat, sous l'empire de notre Code, qui se montre beaucoup moins sévère en permettant les donations préciputaires.

C'est précisément parce que les dons préciputaires étaient prohibés jadis, et sont permis aujourd'hui, que nous refusons à l'héritier renonçant de retenir et la quotité disponible et la réserve. Les donations à titre de préciput étant jadis prohibées, le droit de rétention prohibé d'abord lui-même, ne fut ensuite admis que dans le but de donner au père de famille la faculté d'avantager l'un de ses enfants. On pouvait croire alors que, si le père avait fait une donation considérable à l'un de ses enfants, c'était pour lui procurer un avantage spécial. Mais aujourd'hui que le don préciputaire est licite, le père qui voudra donner à ce titre ne manquera pas de s'en expliquer formellement. S'il ne l'a pas exprimé, on doit croire qu'il s'est mépris sur la valeur relative de la libéralité et du patrimoine qu'il pourrait laisser à ses enfants.

En imputant d'abord sur le disponible la donation retenue par le renonçant, vous méconnaissez encore, nous dit-on, la faculté laissée au père de disposer de cette partie de son patrimoine.

Mais nos adversaires sont-ils eux-mêmes à l'abri de ce reproche qu'ils nous adressent? Nous croyons qu'ils méconnaissent encore beaucoup plus que nous la volonté du père dans la distribution de sa fortune. Un fait va nous en fournir la preuve irréfragable.

Lorsque, en 1827, et années suivantes, on voulait légitimer l'imputation de la donation du renonçant, sur sa portion de réserve, on remarquait toujours que c'était le seul moyen de respecter la volonté du père, et de faire sortir à effet les donations qu'il avait adressées, soit à des étrangers, soit à des héritiers à titre de préciput. Pas un rapport, pas un arrêt qui ne présente en tête cette considération capitale. Ce but si noble concilie de bons esprits à ce système si moral en apparence. On marche dans cette voie où la logique se charge de pousser, et l'on aboutit.... à quoi? A déclarer, en 1848, dans l'affaire Vien, que le fils qui a reçu de son père l'entière quotité disponible, *à titre de préciput,* doit se contenter du *tiers* de la fortune paternelle, tandis que le mari de son unique sœur, légataire universel de cette dernière, qui n'a jamais reçu qu'un don en *avancement d'hoirie*, conservera *les deux-tiers* de la susdite fortune !.... Le tout en vertu et pour la plus grande gloire d'un système créé et mis au monde afin de faire respecter la volonté paternelle, et de sauvegarder la sanction de cette magistrature morale, si nécessaire dans la famille.

Oh ! lorsqu'on voit cette théorie enfreindre plus que toute autre le principe moral, qui seul lui a servi à s'introduire subrepticement dans la jurisprudence; lorsqu'on se souvient que les trois arrêts de cassation qui l'ont consacrée, ont été rendus, sans qu'une plaidoirie combattît le système du cumul; quand on voit la moitié des Cours d'appel et la doctrine tout entière le proscrire, et la jeunesse, espoir de la magistrature et du barreau, le repousser, en grande majorité, on peut entendre, sans trembler, les sinistres prédictions que se plaisent à faire quelques-uns de nos adversaires; on peut dire, je crois, avec quelque confiance, aux défenseurs de l'égalité dans la famille entre les enfants d'un même père : Ne désespérez pas de l'avenir, la vérité aura son jour.

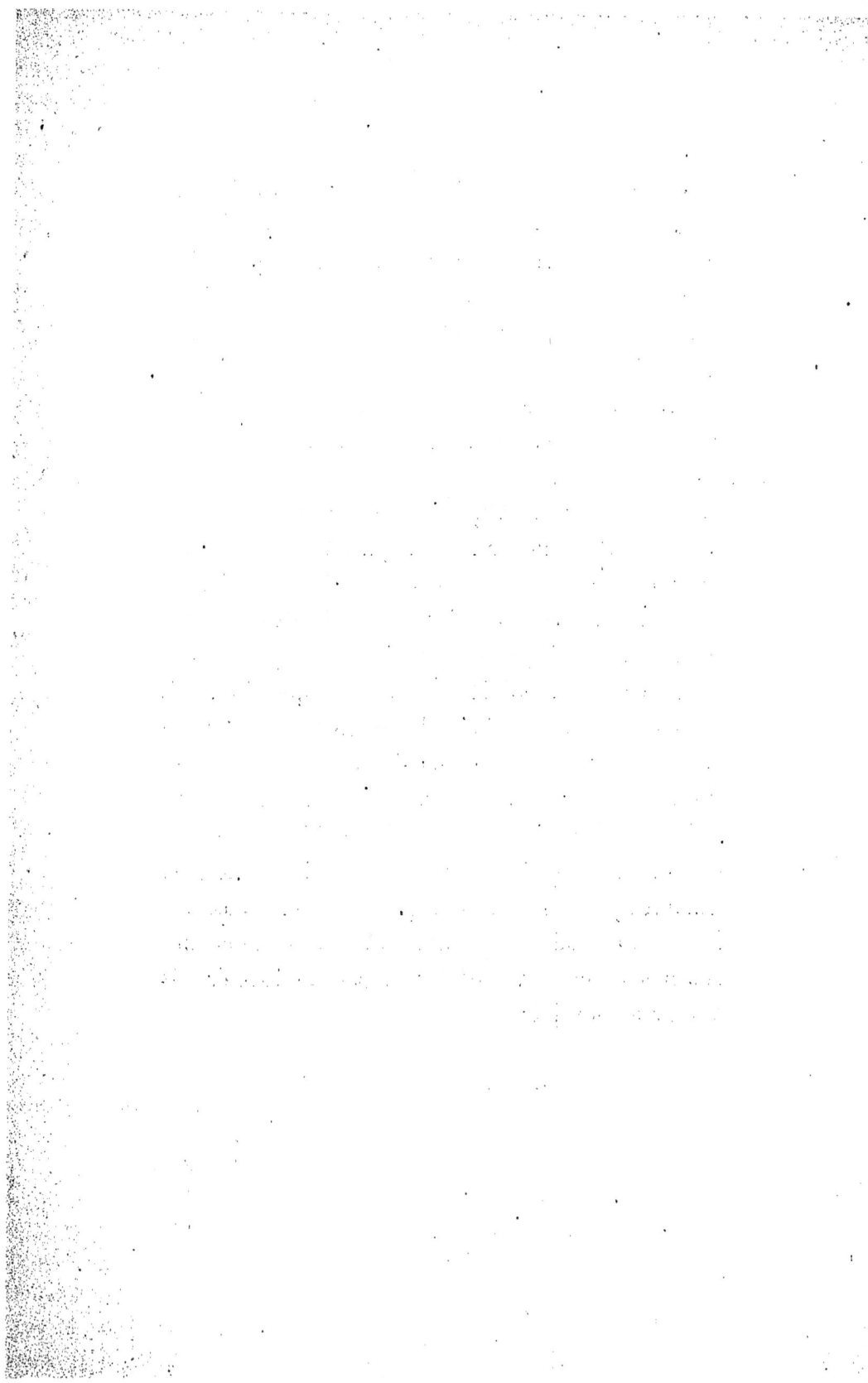

PROPOSITIONS A SOUTENIR.

DROIT ROMAIN.

1. L'obligation *litteris* était constituée par un *écrit* seulement, abstraction faite de toute cause légitime.
2. Les obligations *litteris*, connues sous le nom de *nomina transcriptitia*, étaient constituées par la seule inscription faite sur les registres domestiques du créancier, sur l'ordre qui lui en était donné par le débiteur. L'inscription sur les registres du débiteur, quoique fort importante, n'était pas indispensable.
3. Les *chirographa* et les *syngraphæ* constituaient, pour les pérégrins, de véritables obligations *litteris*.
4. Malgré le pouvoir exorbitant attribué, dans les derniers temps, à l'exception *non numeratæ pecuniæ*, il subsistait encore sous Justinien une véritable obligation *litteris*.

DROIT FRANÇAIS.

1. Dans le cas du désaveu d'un enfant pour cause d'impuissance morale, l'adultère de la femme doit être prouvé; mais il peut l'être par les faits mêmes qui établissent le recel et tendent à démontrer que le mari n'est pas le père.

2. La reconnaissance qui résulte de la possession d'état produit, pour l'enfant naturel, les mêmes effets que celle qui résulte d'un acte authentique.
3. L'héritier renonçant ou indigne ne doit pas être compté pour le calcul de la réserve.
4. Les dons en avancement d'hoirie retenus par l'héritier renonçant ne doivent être imputés sur le disponible qu'après les donations faites à des étrangers ou à des héritiers à titre de préciput.

DROIT CRIMINEL.

1. La tentative ne doit pas être punie de la même peine que le crime consommé.
2. Le délit manqué ne devrait pas, en principe du moins, être frappé de la même peine que le délit consommé.
3. Certaines peines ne devraient pas être prescriptibles.

DROIT PUBLIC ET ADMINISTRATIF.

1. L'intervention de l'autorité judiciaire dans l'expropriation pour cause d'utilité publique est irrationnelle et inutile.
2. Les lits des rivières non navigables ni flottables appartiennent à l'Etat.

Approuvé
Le Doyen de la Faculté,
LAURENS.

Vu :
Le Recteur,
VINCENS DE GOURGAS.

TOULOUSE, IMPRIMERIE DE A. CHAUVIN, RUE MIREPOIX, 3.

www.ingramcontent.com/pod-product-compliance
Lightning Source LLC
Chambersburg PA
CBHW062018200326
41519CB00017B/4836